ATLAS DE LA POPULATION MONDIALE

Faut-il craindre la croissance démographique et le vieillissement ?

Gilles Pison
Préface d'Albert Jacquard
Cartographie : Guillaume Balavoine

Éditions Autrement
Collection Atlas/Monde

Auteur

Gilles Pison. Ancien élève de l'École normale supérieure, Gilles Pison est professeur au Muséum national d'histoire naturelle, directeur de recherches à l'Institut national d'études démographiques et rédacteur en chef de la revue *Population et sociétés*. Il mène des recherches sur les changements démographiques et sanitaires dans le monde avec un intérêt particulier pour l'Afrique au sud du Sahara où ses recherches le conduisent à organiser des enquêtes de terrain au Sénégal. Il a conçu deux expositions scientifiques, – « 6 milliards d'hommes » au musée de l'Homme (1994), et « La population mondiale... et moi ? » à la Cité des sciences et de l'industrie (2005) –, et est l'auteur du cédérom *Six Milliards d'hommes... et moi ?* (Syrinx, 1999).

Cartes et infographies

Guillaume Balavoine. Historien de formation et cartographe indépendant, il collabore régulièrement au quotidien *Le Monde* et crée les carte de nombreux ouvrages scolaires. Il a réalisé la cartographie de nombre d'ouvrages de la collection Atlas.

Sources

Les statistiques de population figurant dans cet ouvrage s'appuient sauf exception sur la publication des Nations unies (2007) : *World Population Prospects : The 2006 Revision*. Les chiffres mentionnés sont, sauf mention contraire, ceux consolidés pour l'année 2005.

Maquette

Conception et réalisation : Edire

Éditions Autrement

Direction : Henry Dougier
Coordination éditoriale : Marie-Pierre Lajot
Correction : David MacDougall
Fabrication : Bernadette Mercier
Communication et presse :
Doris Audoux
Direction commerciale : Aude Wester

Remerciements

Merci à Nicolas Lambert, Ronan Ysebaert et Claude Grasland pour les cartes de potentiel (pages 7, 34, 35 et 43).

77, rue du Faubourg-Saint-Antoine • 75011 Paris
Tél. 01 44 73 80 00 • Fax 01 44 73 00 12 • www.autrement.com

ISBN : 978-2-7467-1259-1
ISSN : 1272 0151
Dépôt légal : avril 2009.
Imprimé et broché en France par Corlet Imprimeur.
Achevé d'imprimer en mars 2009.

SOMMAIRE

4 **PRÉFACE**
d'Albert Jacquard

5 **INTRODUCTION**
Sommes-nous trop nombreux ?

SEPT MILLIARDS D'HOMMES
6 Une répartition inégale sur la planète
8 Le nombre des hommes presque décuplé en trois siècles
10 La transition démographique : une révolution

LES NAISSANCES
12 Les naissances d'aujourd'hui sont la population de demain
14 La fécondité, en baisse partout
16 La prévention des naissances : des méthodes différentes selon les pays
18 La sélection du sexe : mode passagère ou phénomène durable ?

LA DURÉE DE VIE
20 De grandes inégalités d'espérance de vie
22 L'allongement de la vie : une révolution récente
24 La lutte contre la mort des enfants : un combat en passe d'être gagné
26 Les vaccinations : une arme peu coûteuse contre les infections
28 Les progrès économiques et sociaux, sources d'amélioration sanitaire
30 Les écarts de mortalité entre hommes et femmes
32 Allonger la vie encore plus : un défi pour demain

LA POPULATION ET LE DÉVELOPPEMENT
34 Population et richesses : des répartitions différentes
36 Population et alimentation : les vraies raisons des famines
38 L'urbanisaton : plus de la moitié de la population mondiale vit en ville
40 Les villes : de plus en plus nombreuses et peuplées
42 Population et développement durable : les bons et les mauvais élèves

LE VIEILLISSEMENT DÉMOGRAPHIQUE
44 Le vieillissement : un phénomène mondial
46 L'âge médian de la population : entre 15 et 43 ans selon les pays
48 La part des 65 ans ou plus : un doublement plus ou moins rapide

LES MIGRATIONS
50 Tous des immigrés
52 Les flux migratoires aujourd'hui
54 Les stocks de population immigrée
56 Le nombre et la part des immigrés dans la population
58 Qui sont les immigrés ?
60 L'immigration et le renouvellement de la population de l'Europe

D'UNE RÉGION DU MONDE À L'AUTRE
62 Europe, États-Unis : les contrastes démographiques au Nord
64 Chine, Inde : les deux géants démographiques d'aujourd'hui
66 Le monde arabe : l'islam importe-t-il ?
68 L'Afrique : un formidable essor démographique malgré le sida

CONCLUSION
70 Quel avenir pour l'humanité ?

ANNEXES
72 Portrait-robot de la population mondiale
74 Tous les pays du monde
78 Glossaire
79 Ressources
80 Index

UNE RÉPARTITION INÉGALE SUR LA PLANÈTE

La majorité des 6,8 milliards d'hommes vivant en 2009 sont concentrés en Asie du Sud et de l'Est (près de deux hommes sur trois). Un sur dix se trouve en Europe de l'Ouest. La population est peu nombreuse en comparaison dans les autres régions du monde. Les deux pays les plus peuplés, la Chine (1,3 milliard d'habitants) et l'Inde (1,2), abritent ensemble près de deux hommes sur cinq. Le troisième, les États-Unis (312 millions), vient loin derrière. Ces trois premiers pays, avec les trois suivants, l'Indonésie (237), le Brésil (197) et le Pakistan (170), rassemblent 3,4 milliards d'habitants, soit plus de la moitié du total mondial.

Comment mesurer et représenter les concentrations humaines ?

La densité et le nombre des hommes. Un pays de forte densité comme le Bangladesh (1,139 habitant au km²) a une population nombreuse (164 millions d'habitants) et des pays de faible densité comme l'Australie (2,7 habitants au km²) ou le Canada (3,3) sont peu peuplés. Mais la densité peut être élevée sans que le nombre d'habitants soit important, c'est le cas de micro-États comme Bahreïn (1,123 habitant au km²), ou d'îles comme Maurice (628). Et la densité peut être faible comme en Russie (8,3 habitants au km²), alors qu'il s'agit du neuvième pays le plus peuplé du monde (141 millions d'habitants). Sa faible densité vient de sa superficie immense, la première du monde, mais la plupart de ses régions n'abritent que très peu d'habitants.

Une carte par points. Une façon de représenter la répartition des hommes sur Terre en s'affranchissant des limites des États est de dessiner une carte par points, un point représentant un même nombre d'habitants (ici 5 millions). Les principaux foyers de population d'Asie du Sud et de l'Est apparaissent bien, ainsi que le foyer européen et les concentrations secondaires ailleurs, en Amérique du Sud (dans les régions côtières du Brésil et du nord de l'Argentine), en Afrique du Nord (au Maghreb et en Égypte), en Afrique de l'Ouest (en bordure du golfe de Guinée), en Afrique de l'Est (région des Grands Lacs) et en Amérique du Nord (côtes est et ouest des États-Unis et de la partie sud du Canada).
La carte par points est difficile à lire dans les régions à forte population comme en Asie de l'Est ou du Sud, ou à l'emplacement des grandes métropoles : les points se superposent et sont impossibles à distinguer. La carte du potentiel de population, qui s'affranchit également des limites des États, n'a pas cet inconvénient.

Le potentiel de population. Une autre façon de faire apparaître les principaux foyers de population est de représenter le « potentiel de population ». Il mesure en chaque point de la planète le nombre d'habitants dans un rayon de 500 km (ou de toute autre taille) autour de ce point. Sa représentation par plage lissée montre les deux grands foyers jumeaux d'Asie du Sud et de l'Est, suivis par le foyer de concentration de l'aire euro-méditerranéenne. Cinq ou six foyers de peuplement de moindre importance apparaissent en Asie du Sud-Est (foyer centré sur Java), en Amérique du Nord, en Amérique du Sud et en Afrique (au Nigeria et dans la région des Grands Lacs). Si certains foyers de peuplement correspondent assez bien aux États les plus peuplés (Inde, Chine, États-Unis, Brésil, Nigeria), d'autres sont la résultante de la proximité de groupes d'États densément peuplés mais de petite taille (Europe, Afrique des Grands Lacs).

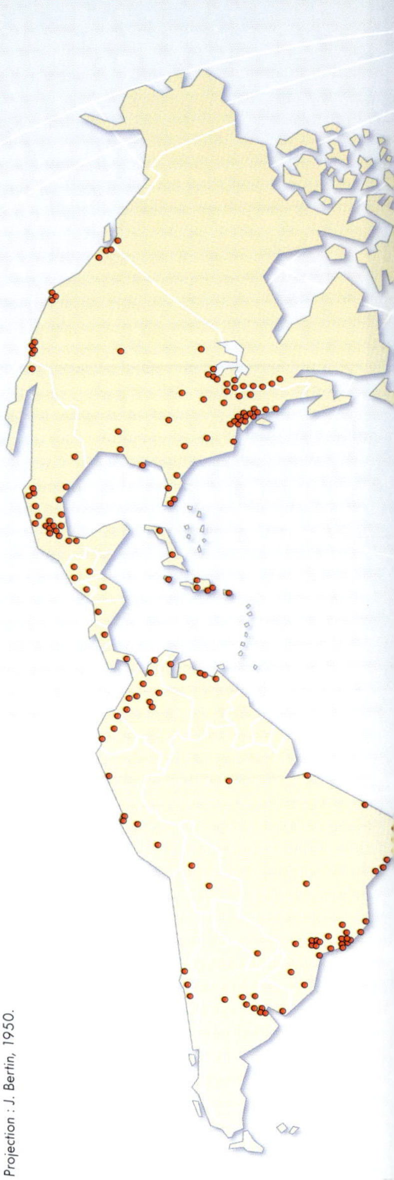
Projection : J. Bertin, 1950.

ÈTE

SUR 100 PERSONNES DANS LE MONDE

61 habitent en Asie
14 en Afrique
11 en Europe
9 en Amérique latine
5 en Amérique du Nord
et moins d'une personne en Océanie.

VARIATION DU POTENTIEL DE POPULATION

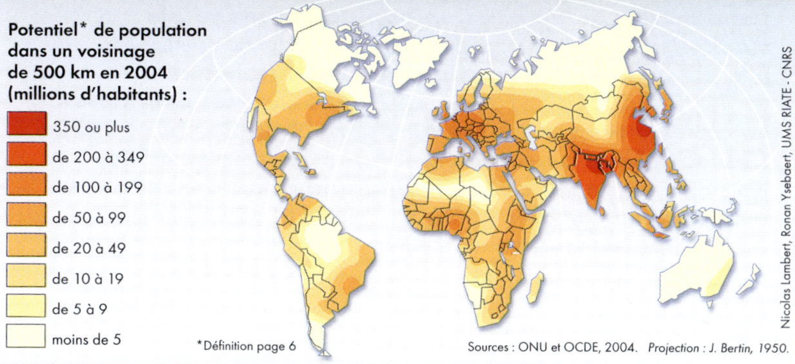

Sources : ONU et OCDE, 2004. Projection : J. Bertin, 1950.

UN POINT POUR 5 MILLIONS D'HABITANTS

Les six pays totalisant plus de la moitié de l'humanité en 2008

	Population (millions d'habitants)	Part de la population mondiale	Cumul
Chine	1 336	20 %	20 %
Inde	1 186	17 %	37 %
États-Unis	309	5 %	42 %
Indonésie	234	3 %	45 %
Brésil	194	3 %	48 %
Pakistan	167	2 %	50 %
Ensemble du monde	*6 750*		

Source : ONU 2007, *Projections de population mondiale (révision 2006).*

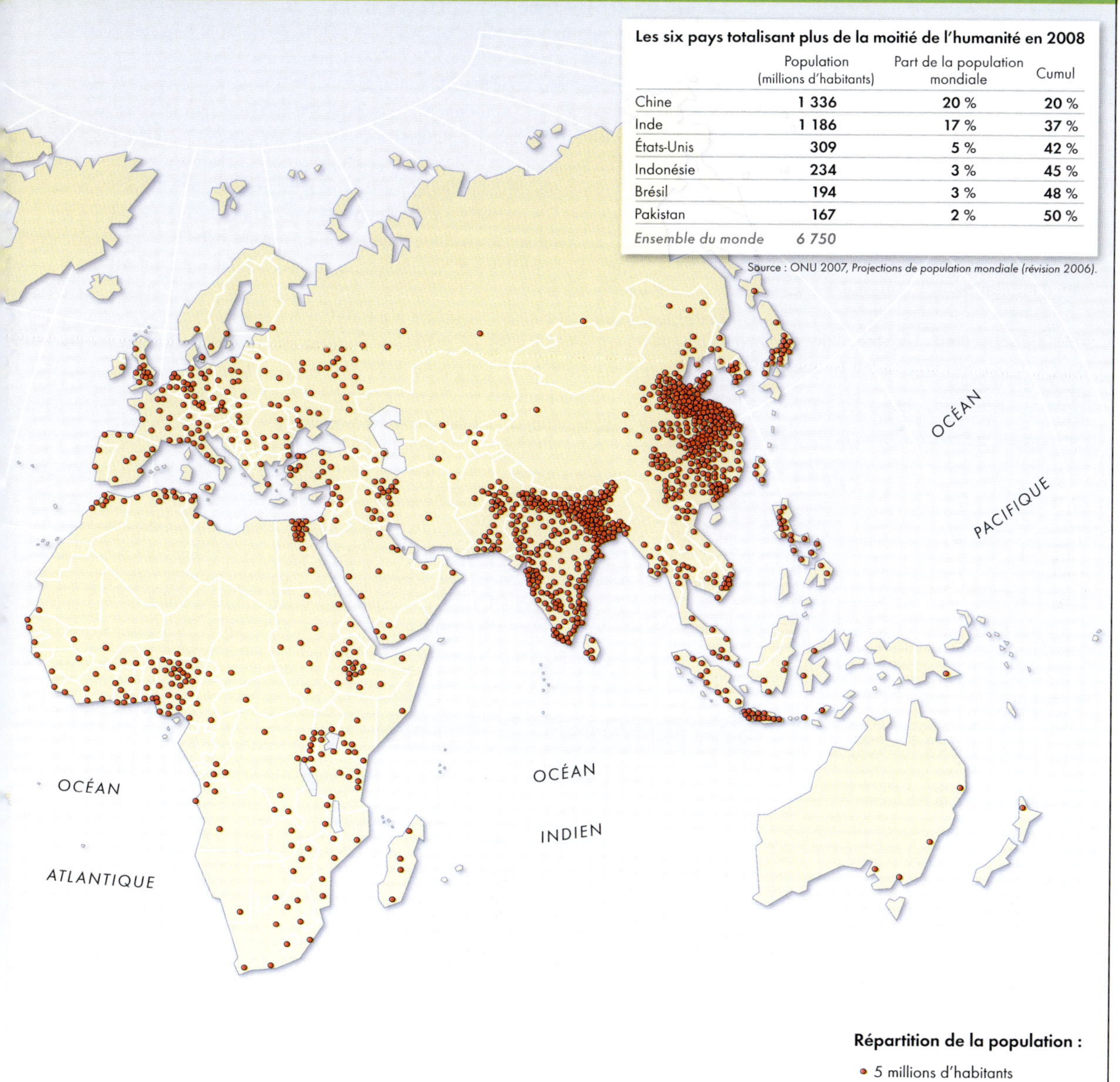

LE NOMBRE DES HOMMES PRESQUE DÉC

Après avoir stagné ou augmenté très lentement pendant des millénaires, la population mondiale s'est mise à croître rapidement il y a deux siècles. Elle est passée de près d'un milliard d'hommes en 1800 à 6,8 milliards en 2009. Elle devrait poursuivre sa croissance et atteindre autour de 9 milliards en 2050. L'essentiel de l'accroissement futur aura lieu au Sud, notamment en Afrique. La population de cette dernière – un homme sur huit en 2000 – devrait représenter un homme sur quatre en 2100.

LE NOMBRE DES HOMMES DEPUIS 2000 ANS

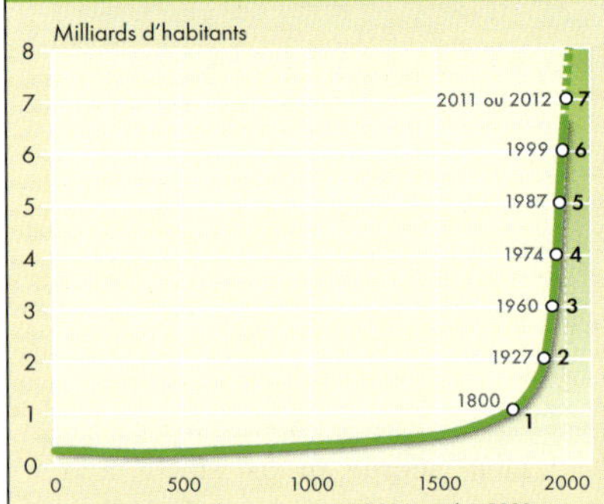

Sources : Biraben, *Population et sociétés*, n° 394, octobre 2003 et ONU 2007, *Projections de population mondiale (révision 2006)*.

La croissance démographique mondiale

Comptant peut-être 250 millions d'habitants il y a deux mille ans, la population mondiale approchait du milliard à la fin du XVIIIe siècle. À cette époque, son rythme d'accroissement change du tout au tout en raison de l'amélioration des conditions de vie et de la baisse de la mortalité. Elle atteint 1 milliard vers 1800, 2 milliards en 1927, 3 milliards en 1960, 4 milliards en 1974, 5 milliards en 1987, 6 milliards en 1999, et devrait franchir le seuil des 7 milliards d'habitants en 2011 ou 2012.

Le chiffre de 250 millions au début de notre ère est peut-être le double de la réalité, ou bien il la sous-estime de moitié. L'incertitude est bien plus faible aujourd'hui, de l'ordre de 1 à 2 %. Tous les pays du monde font en effet régulièrement l'objet de recensements. Même s'ils ne sont pas justes, leurs erreurs se compensent en partie quand on additionne leurs résultats pour avoir le total mondial.

Le pic de croissance est derrière nous

La croissance démographique mondiale s'est accélérée de 0 à 2 % par an vers 1965, puis a ralenti pour atteindre 1,2 % en 2005. Ce rythme correspond à une augmentation chaque année de 75 millions d'habitants (200 000 par jour, 2 en plus chaque seconde), en raison des 133 millions de naissances (360 000 par jour, 4,2 par seconde) auxquelles il faut retrancher 58 millions de décès (160 000 par jour, 1,8 par seconde). À ce rythme (1,2 % par an), la population double en près de soixante ans. S'il se maintenait, les 6,5 milliards de 2005 deviendraient 13 milliards en 2065, 26 milliards en 2125, etc. Pourtant les Nations unies prévoient que la population mondiale sera « seulement » de 9 milliards en 2050 et qu'elle pourrait se stabiliser autour de ce chiffre, la croissance poursuivant sa baisse jusqu'à 0 % en 2100.

LA POPULATION DEVRAIT S'ACCROÎTRE ENCORE D'UN TIERS D'ICI À LA FIN DU SIÈCLE. Le reliquat de croissance prévu d'ici à la fin du XXIe siècle est d'un peu plus d'un tiers, pour passer de 6,8 milliards en 2009 à 9 milliards en 2100. C'est relativement peu en regard du plus que sextuplement des deux derniers siècles, même si, en chiffres absolus, cela représente tout de même 2,2 milliards d'hommes en plus. La courbe du taux de croissance annuel montre bien que l'essentiel de la croissance démographique est derrière nous. Le taux record a été atteint vers 1965 : 2,1 % par an et, depuis, il a diminué de presque moitié pour atteindre comme déjà mentionné 1,2 % en 2005.

Aucun de nous ne réalise combien la période actuelle est unique. Jamais avant le XXe siècle la population mondiale n'avait augmenté aussi rapidement, et cela ne se reproduira probablement jamais plus. Aucun homme ayant vécu avant 1930 n'a jamais été témoin d'un doublement de la population mondiale ; et, probablement, aucune personne née au XXIe siècle ou après n'assistera à un tel doublement. En revanche, tous les adultes de 40 ans ou plus vivant en 2000 ont vu la population mondiale plus que doubler depuis qu'ils sont nés.

LE TAUX DE CROISSANCE DE LA POPULATION MONDIALE

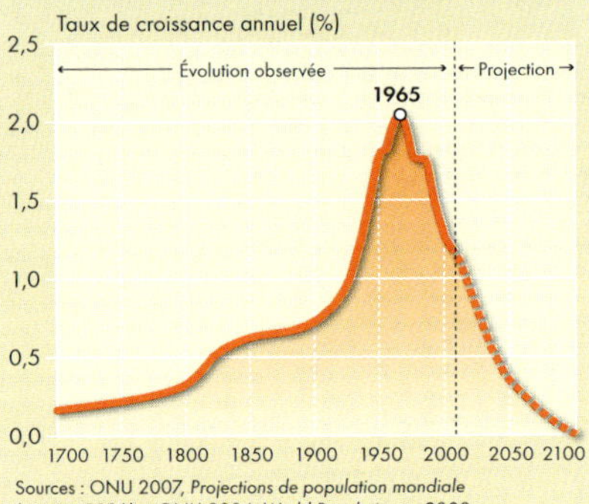

Sources : ONU 2007, *Projections de population mondiale (révision 2006)* et ONU 2004, *World Population to 2300*.

UPLÉ EN TROIS SIÈCLES

L'ÉVOLUTION DE LA POPULATION DEPUIS TROIS SIÈCLES

ÉVOLUTION DE LA POPULATION PAR CONTINENTS

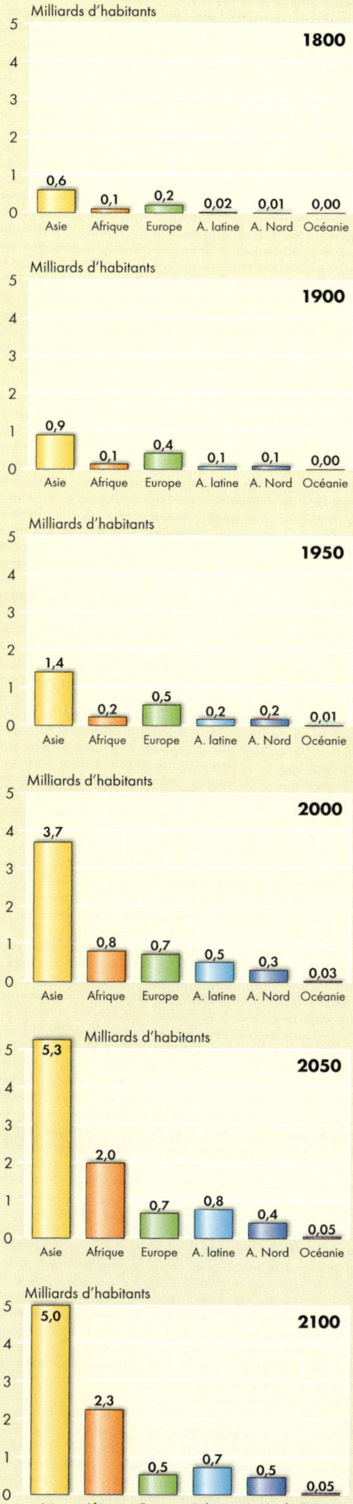

ÉVOLUTION DE LA POPULATION MONDIALE

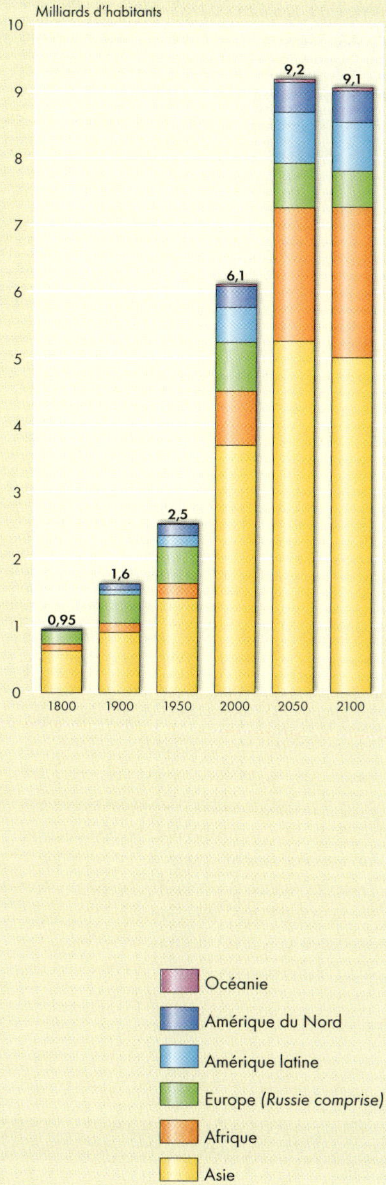

Sources :
1800 et 1900 : Biraben, 1979 et Vallin, 1989.
1950, 2000 et 2050 : ONU 2007, *Projections de population mondiale* (scénario moyen).
2100 : ONU, 2004, *World Population to 2300* (scénario moyen).

CHAQUE JOUR DANS LE MONDE

Il naît 365 000 enfants et il meurt 155 000 personnes. La population augmente de 210 000 personnes, l'équivalent d'une ville comme Saint-Étienne.

L'humanité concentrée dans les pays du Sud

La transition démographique s'est produite selon des calendriers et des rythmes variables d'une région à l'autre du monde, et la population ne s'est pas accrue en même temps dans les différents continents. L'Europe, pionnière dans la transition démographique et dont la population s'est fortement accrue au XIXe siècle, a vu d'abord sa part augmenter jusqu'à représenter 1 homme sur 4 en 1900. C'était un sommet qu'elle n'avait sans doute jamais atteint auparavant. L'entrée des autres continents dans la transition et l'essor démographique qui en a résulté, alors que dans le même temps l'Europe terminait sa transition, a ramené la part de celle-ci à 1 homme sur 8 en 2000. Elle devrait continuer à diminuer pour atteindre peut-être 1 sur 16 en 2100.

De son côté, l'Asie, qui rassemble depuis longtemps autour des deux tiers de l'humanité, a vu sa part légèrement diminuer depuis deux siècles en raison de la montée démographique de l'Europe puis de l'Amérique du Nord et de l'Amérique latine. Mais sa population a fortement augmenté aussi, et ce continent devrait continuer à abriter demain la majorité de l'humanité (entre 50 et 60 % du total mondial).

Quant à l'Afrique, elle n'a rassemblé jusqu'ici qu'une petite minorité de l'humanité. Mais la situation devrait changer et sa part, beaucoup augmenter, passant d'1 homme sur 8 en 2000 à 1 sur 4 en 2100, et peut-être 1 sur 3 au-delà.

L'humanité vit une révolution démographique : l'équilibre démographique ancien marqué par une forte fécondité et une forte mortalité est remplacé par un équilibre nouveau où une faible fécondité est associée à une faible mortalité. La transition démographique, comme s'appelle cette révolution des comportements et des modes de vie, a commencé dans les pays industrialisés il y a deux siècles ; elle y est presque terminée ; elle s'est étendue ensuite aux pays du Sud, où elle reste encore inachevée, et se produit à un rythme soutenu et violent pour les sociétés des pays du Sud.

La transition démographique du Sud

Cette histoire que les pays aujourd'hui développés ont connue, les autres pays la vivent à leur tour, dans un contexte différent lié à un important décalage dans le temps. Leur population est en pleine expansion et de façon plus rapide que ne l'avait été celle de leurs prédécesseurs, il y a un siècle. Des taux d'accroissement de l'ordre de 3 % par an (doublement en 23 ans) ne sont pas rares, alors que dans l'Europe de 1880 à 1914, ceux qui restaient durablement de l'ordre de 1,5 % par an étaient exceptionnels.

La mortalité a déjà beaucoup baissé, y compris dans les pays les plus en retard. La fécondité a aussi baissé tant spontanément que sous l'effet des progrès de l'éducation et des programmes de planification familiale. Dans leurs projections, les Nations unies prévoient que, d'ici cinquante ans, la limitation des naissances sera répandue partout. Le nombre moyen d'enfants par femme serait alors universellement bas. Simultanément, la durée de vie moyenne atteindrait partout au moins 70 ans. La croissance de la population mondiale se ralentirait progressivement jusqu'à la stabilisation envisagée pour la fin du siècle. En trois cents ans, de 1800 à 2100, elle serait passée de 1 milliard d'hommes à 9-10 milliards.

Mortalité élevée : espérance de vie inférieure à 40 ans.
Mortalité en baisse ou basse : espérance de vie égale ou supérieure à 40 ans.
Fécondité élevée : plus de 5 enfants en moyenne par femme.
Fécondité en baisse : supérieure à 2,5 enfants en moyenne par femme et inférieure ou égale à 5 enfants.
Fécondité basse : inférieure ou égale à 2,5 enfants en moyenne par femme.

LA TRANSITION DÉMOGRAP

FRANCE

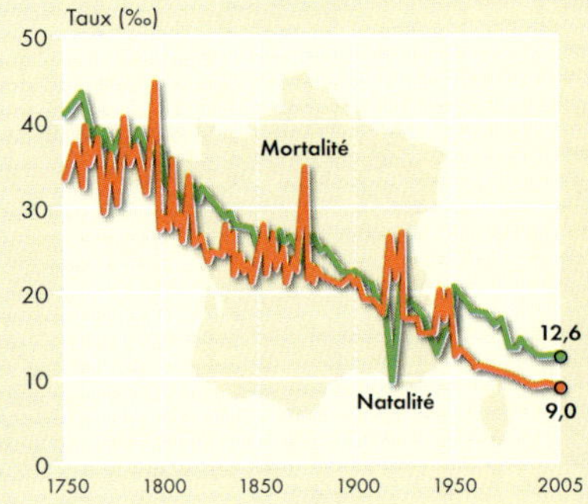

SUÈDE

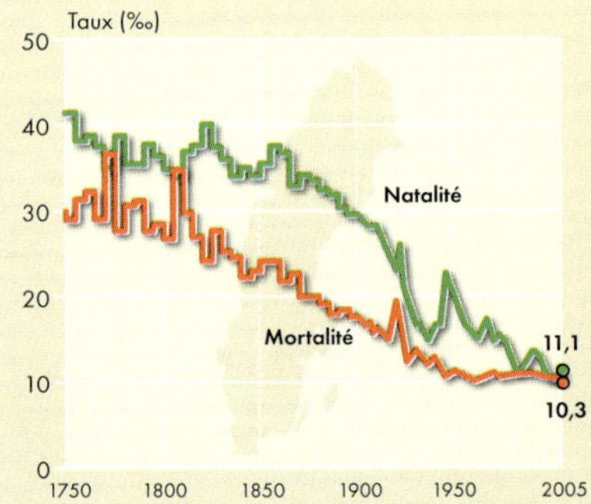

Sources : ONU 2007,
Projections de population mondiale (révision 2006) et

TROIS SIÈCLES DE TRANSITION

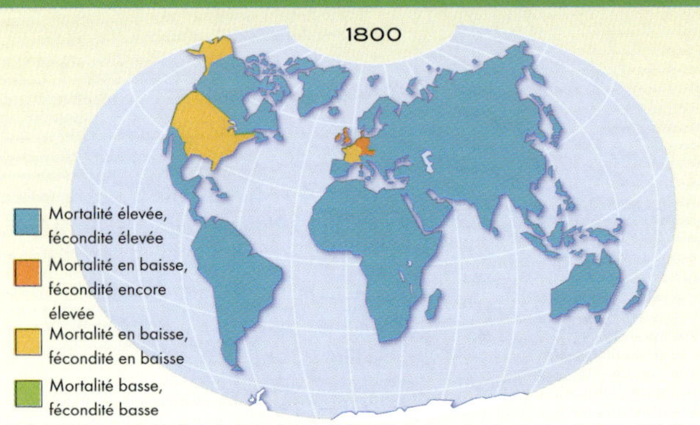

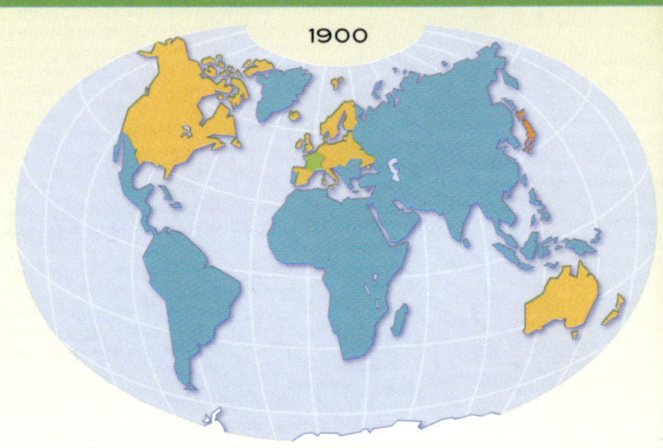

RÉVOLUTION

SUR 100 COUPLES D'ÂGE FERTILE DANS LE MONDE*

61 utilisent la contraception
10 attendent un enfant (la femme est enceinte),
29 n'en attendent pas mais n'utilisent pas la contraception.

* CHIFFRES 2000.

HIQUE DANS QUELQUES PAYS

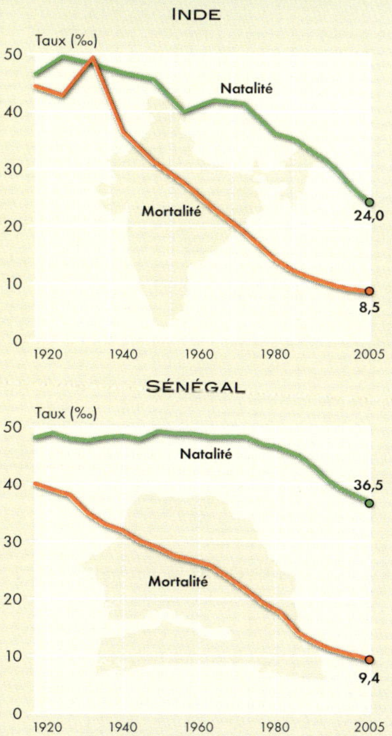

J.-C. Chesnais, *La Transition démographique*, INED-PUF, 1986.

D'un équilibre à l'autre

AVANT LA TRANSITION. Dans l'équilibre démographique ancien, qui dura des millénaires, de violentes crises de mortalité, au gré des épidémies et des famines, faisaient osciller la durée de vie moyenne entre 20 et 25 ans, en raison notamment d'une très forte mortalité infantile. Il fallait, pour équilibrer cette mortalité, une fécondité moyenne élevée, de l'ordre de six enfants par femme. La population augmentait en période de prospérité, diminuait en période de crise et, à long terme, restait stable. Si elle augmentait, c'était très lentement, à un rythme de l'ordre de quelques pour-cent par siècle.

PREMIÈRE PHASE DE LA TRANSITION. Cet équilibre a été rompu il y a deux siècles dans le monde occidental. La population mondiale s'est alors mise à croître très rapidement. Ce bouleversement a débuté dans la deuxième moitié du XVIIIe siècle. Avec l'essor économique, les premiers progrès de l'hygiène et de la médecine et la mise en place des grands États modernes, les épidémies et les famines disparaissent progressivement d'Europe et d'Amérique du Nord. La mortalité, notamment infantile, diminue. Les familles étant toujours aussi nombreuses, les naissances excèdent dorénavant les décès et la population s'accroît.

DEUXIÈME PHASE DE LA TRANSITION. Après une ou plusieurs générations, selon les situations politiques et culturelles, les adultes prennent conscience que la plupart des enfants échappent à la mort et qu'il n'est plus besoin d'en avoir autant qu'auparavant pour assurer leur relève ; les enfants deviennent par ailleurs une charge dès lors qu'il faut les envoyer à l'école jusqu'à un âge croissant. Avec la diffusion des idées du siècle des Lumières, qui prônent l'individualisme et la critique des contraintes religieuses, un nouveau comportement se répand à travers l'Europe et l'Amérique du Nord : la limitation volontaire des naissances. Le nombre d'enfants par femme diminue. Mais la mortalité poursuivant sa baisse, les naissances restent supérieures aux décès et la population continue de croître. Cet excédent démographique apparaît bien sur le schéma de la transition démographique montrant l'évolution des taux de natalité et de mortalité.

APRÈS LA TRANSITION. Ce n'est que dans les générations ultérieures que cette croissance se ralentit progressivement, quand le nombre de décès se stabilise et est rejoint par celui des naissances. La transition est alors terminée. Dans l'équilibre théorique moderne, qui n'a été observé dans aucun pays mais vers lequel tendent les pays développés, la fécondité serait proche de deux enfants par femme, la vie moyenne égale ou supérieure à 70 ans. Les naissances égaleraient à peu près les décès.

LE MODÈLE DE LA TRANSITION DÉMOGRAPHIQUE

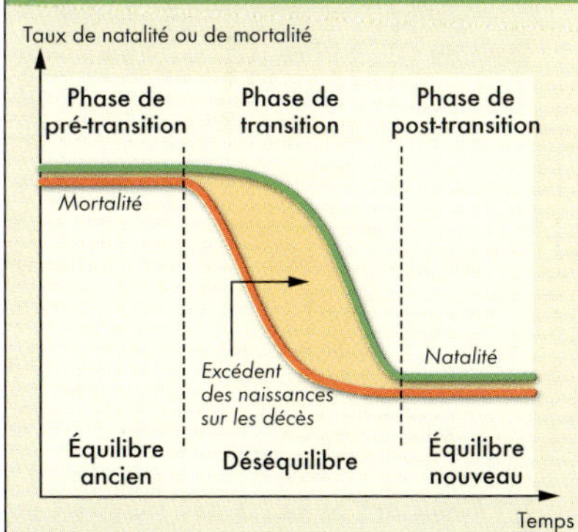

DÉMOGRAPHIQUE DANS LE MONDE

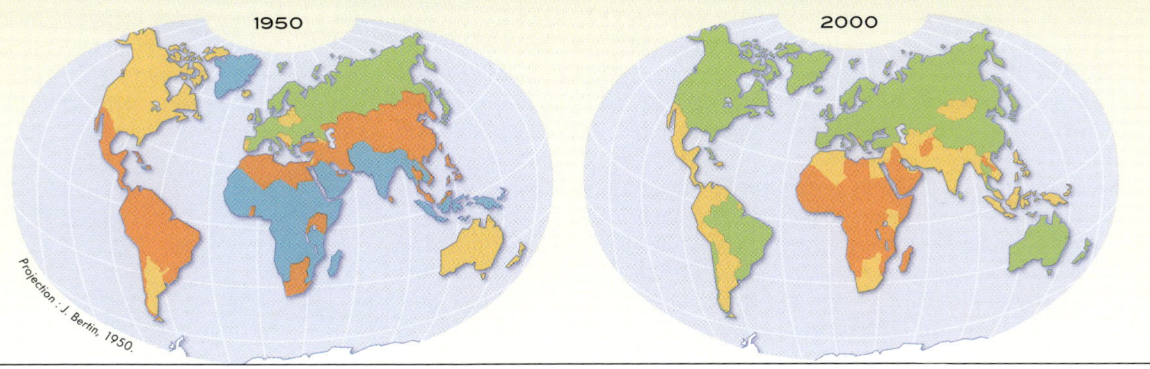

Source : Gilles Pison, Exposition « 6 milliards d'hommes », 1994.

LES NAISSANCES D'AUJOURD'HUI SONT

L'effectif des enfants naissant aujourd'hui annonce la taille de la population demain, quand ils seront adultes. Avec plus de la moitié des naissances mondiales (57 %), l'Asie restera de loin le continent le plus peuplé. L'Afrique, qui n'abrite qu'un homme sur huit, voit naître un enfant sur quatre, signe qu'elle pourrait rassembler à terme le quart de l'humanité. Les parts des autres continents devraient diminuer, comme l'indique leur contribution aux naissances mondiales d'aujourd'hui : Amérique latine (9 %), Europe incluant la Russie (6 %) et Amérique du Nord (3 %).

CHAQUE JOUR DANS LE MONDE

365 000 enfants naissent
dont 209 000 en Asie
93 000 en Afrique
32 000 en Amérique latine
11 500 en Amérique du Nord
18 000 en Europe
1 500 en Océanie.

LES DIX PAYS LES PLUS PEUPLÉS

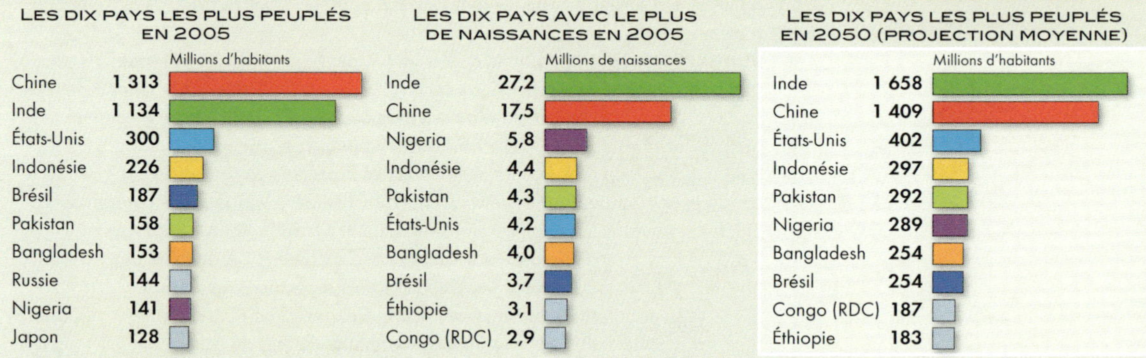

Source : ONU 2007, *Projections de population mondiale (révision 2006).*

Un nouveau classement des pays en germe

La Chine et l'Inde en tête. La Chine est le pays le plus peuplé du monde (1,3 milliard d'habitants en 2005), devant l'Inde (1,1), mais le classement devrait bientôt s'inverser. Depuis 1975, il naît chaque année plus de petits Indiens que de petits Chinois : en 2005, 27 millions contre 17. La population de l'Inde devrait dépasser celle de la Chine dans les années 2020.

Les 6 millions de naissances annuelles du Nigeria. Parmi les pays qui suivent, le classement va aussi bouger. Le Brésil, avec 187 millions d'habitants en 2005, est le cinquième pays du monde par la population. Il devrait être dépassé à terme par le sixième, le Pakistan (158 millions), le septième, le Bangladesh (153 millions), et aussi le neuvième, le Nigeria (141 millions). Le reclassement est, là encore, annoncé par les nombres respectifs de naissances dans ces différents pays. D'ici à 2050, le Nigeria devrait lui-même dépasser le Pakistan, le Bangladesh et l'Indonésie, pour prendre la place de quatrième pays le plus peuplé derrière les États-Unis (300 millions d'habitants aujourd'hui). À plus long terme, il n'est pas exclu que le Nigeria dépasse même les États-Unis. Il naît en effet près de 6 millions de petits Nigérians chaque année, soit près d'une fois et demie de plus que de petits Américains.

La Russie et le Japon reculent. Parmi les pays qui devraient à coup sûr rétrograder dans le classement, la Russie (144 millions en 2005) et le Japon (128 millions). Des huitième et dixième places en 2005, ils passeraient aux quinzième et seizième places en 2050 d'après les projections moyennes des Nations unies. Ils seraient dépassés par des pays africains comme le Congo et l'Éthiopie. Les naissances en Russie (1,5 million en 2005) et au Japon (1,1) sont en effet deux à trois fois moindres qu'en Éthiopie (3,1) ou au Congo (2,9). Et moindres également qu'aux Philippines (2,3), au Mexique (2,1) et en Égypte (1,8), pays qui devraient également compter plus d'habitants que la Russie ou le Japon en 2050.

Les pays européens et la Turquie. Le reclassement s'effectuera aussi au sein de l'Union européenne et des pays candidats à y entrer. L'Allemagne est le pays le plus peuplé (83 millions en 2005), devant la Turquie (73 millions). Mais il naît deux fois plus d'enfants dans cette dernière : 1,4 million en 2005, contre 0,7 en Allemagne. Si la Turquie entre dans l'Union européenne, elle y sera sans doute le pays le plus peuplé. En 2050, elle compterait 99 millions d'habitants d'après les projections moyennes des Nations unies, contre 74 millions en Allemagne.

LA POPULATION DE DEMAIN

LES NAISSANCES, UN INDICATEUR DE LA POPULATION DE DEMAIN

Population en 2005

En % de la population mondiale

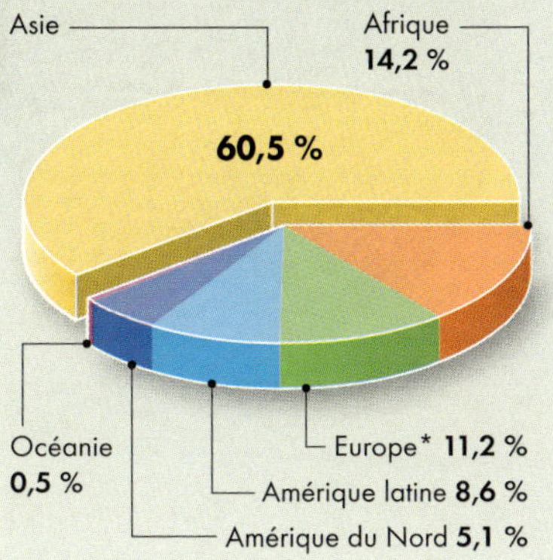

Population en millions

□ 10 millions d'habitants

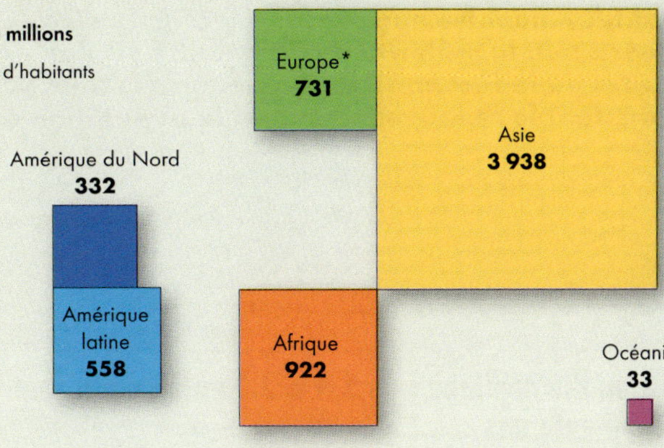

Naissances en 2005

En % des naissances mondiales

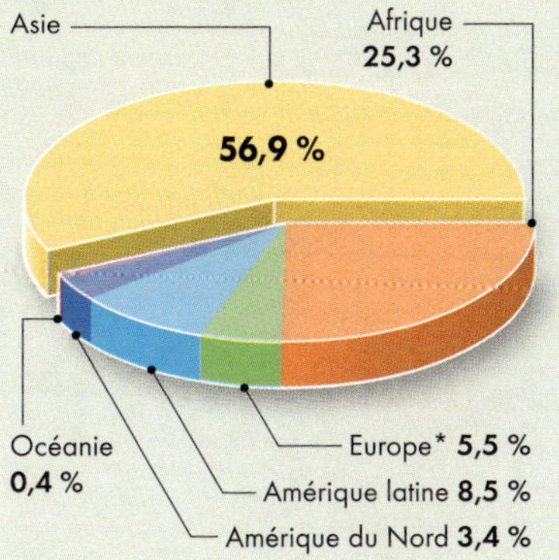

Nombre de naissances en millions

□ 1 million de naissances

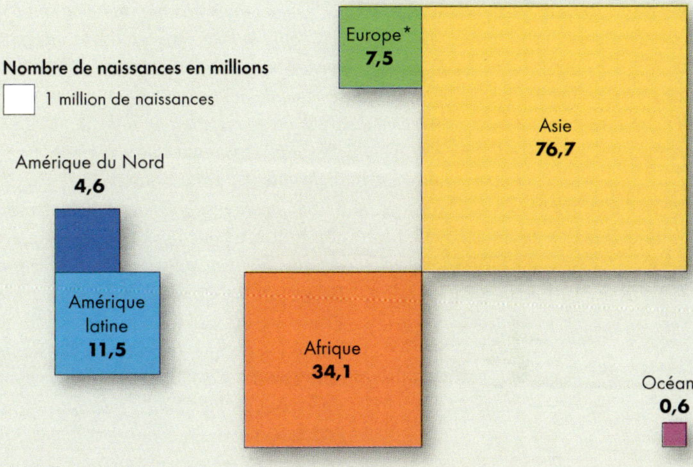

Population en 2050 (projection)

En % de la population mondiale

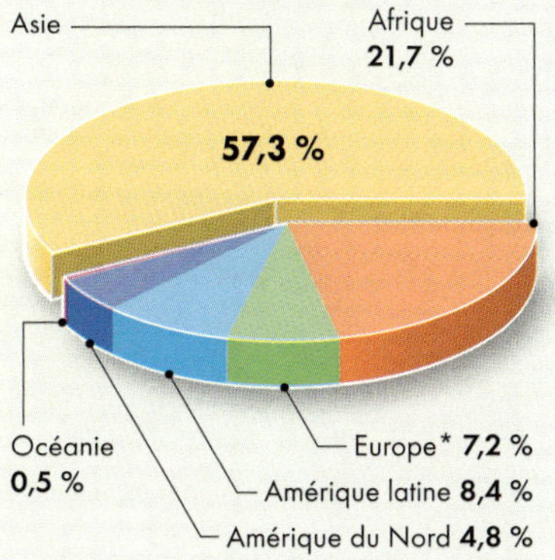

Population en millions

□ 10 millions d'habitants

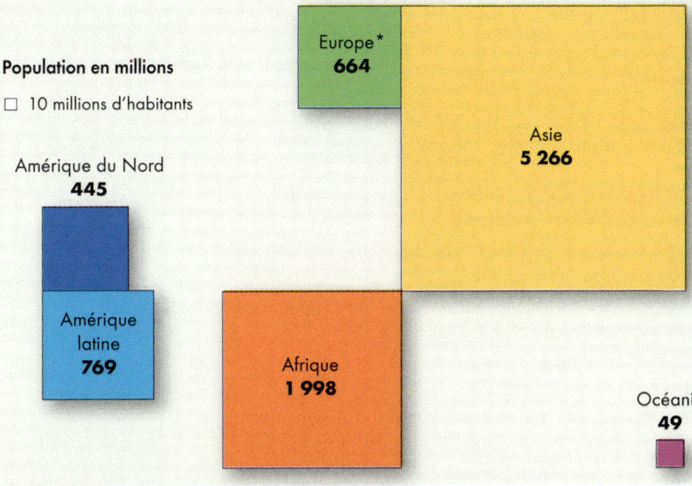

Dans les trois cartes du monde, chaque pays est représenté en anamorphose par une surface proportionnelle à l'effectif de sa population en 2005 (carte 1), à l'effectif des naissances annuelles en 2005 (carte 2), à l'effectif de sa population en 2050 (carte 3).

*L'Europe comprend la Russie.

Source : ONU 2007, Projections de population mondiale (révision 2006).

LA FÉCONDITÉ, EN BAISSE PARTOUT

Les femmes donnaient autrefois naissance à 5 à 7 enfants en moyenne chacune partout dans le monde. Mais les couples se sont mis à limiter volontairement les naissances il y a deux siècles. Aujourd'hui, la majorité de l'humanité vit dans un pays où la fécondité est basse, en dessous du niveau permettant le renouvellement de la population à terme.

SUR 100 BÉBÉS QUI NAISSENT DANS LE MONDE

44 sont les premiers-nés de leur mère 20 les deuxièmes et 36 les troisièmes ou plus.

La fécondité médiane : de 5,4 à 2,1 enfants par femme en cinquante ans

Il y a cinquante ans, seuls quatre pays d'Europe (de relativement petite taille) – le Luxembourg, l'Autriche, l'Estonie et la Lettonie – avaient une fécondité en dessous du seuil de 2,1 enfants en moyenne par femme. Un premier groupe rassemblant tous les pays développés se situait en dessous de 3,5 enfants. Les pays en développement s'en détachaient nettement, avec plus de 5 enfants en moyenne par femme. La fécondité médiane est donc passée en cinquante ans de 5,4 enfants à 2,1 enfants.

En 2005, la fécondité la plus basse (1,17 enfant en moyenne par femme, en République tchèque) est très en dessous du seuil de remplacement et près d'1 homme sur 6 vit dans une région où la fécondité est plus proche d'1 enfant que de 2. Il s'agit de la plupart des populations d'Europe du Sud, du Centre et de l'Est, et d'une grande partie de celles d'Asie de l'Est. La basse fécondité n'est plus l'apanage du seul monde développé mais aussi celui du Brésil, de la Tunisie, d'une partie de l'Inde et de presque toute la Chine. Parmi les régions où la fécondité est encore élevée, supérieure à quatre enfants, on trouve en 2005 presque toute l'Afrique subsaharienne et la péninsule arabique et les régions allant de l'Afghanistan jusqu'au nord de l'Inde en passant par le Pakistan. C'est là que l'essentiel de la croissance démographique mondiale aura lieu dans l'avenir.

LA POPULATION MONDIALE SELON LA FÉCONDITÉ

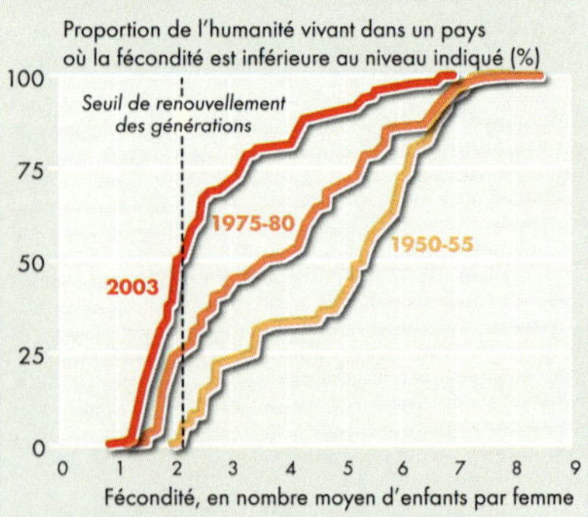

Source : Wilson et Pison, *Population et sociétés*, n° 405, 2004.

La courbe indique, pour chaque niveau de fécondité, la proportion de la population mondiale vivant dans un pays où la fécondité est inférieure à ce niveau. La courbe de 1950-1955 montre que 25 % de l'humanité vivaient dans un pays où la fécondité était inférieure à 3,4 enfants en moyenne par femme. La ligne verticale correspond à 2,1 enfants en moyenne par femme, le niveau qui permet le strict remplacement des générations.

Source : ONU 2007, *Projections de population mondiale (révision 2006).*

Fécondité et remplacement des générations

La fécondité se mesure par l'indicateur synthétique de fécondité. Pour le calculer, on classe les naissances survenues au cours d'une année dans un pays selon l'âge de la mère, et on rapporte pour chaque âge le nombre de naissances au nombre de femmes dans la population. On obtient le nombre moyen d'enfants qu'ont eu les femmes de cet âge dans l'année, un taux exprimé souvent pour 100 femmes. On additionne ensuite les taux observés à chaque âge de 15 à 50 ans. L'indicateur ainsi obtenu agrège en une valeur unique les comportements féconds relatifs à 35 générations différentes observés une année donnée. Il indique le nombre total d'enfants qu'aurait un groupe de femmes ayant à chaque âge au fil de leur existence les taux observés cette année-là. Cette mesure permet de comparer la fécondité de différentes populations et de repérer si elle augmente ou diminue d'une année à l'autre dans une même population. Pour que les générations se remplacent et qu'une population ne diminue pas à terme, il faut que 100 femmes donnent naissance à 205 enfants lorsqu'il n'y a pas de migrations et pas de mortalité infantile : 105 garçons et 100 filles qui remplaceront les 100 femmes, soit 2,05 enfants en moyenne par femme. En tenant compte de la mortalité infantile, le seuil est de 2,1. Au-dessus, la fécondité contribue à faire croître la population, en dessous, à la faire décroître.

LA FÉCONDITÉ DANS LE MONDE (2005)

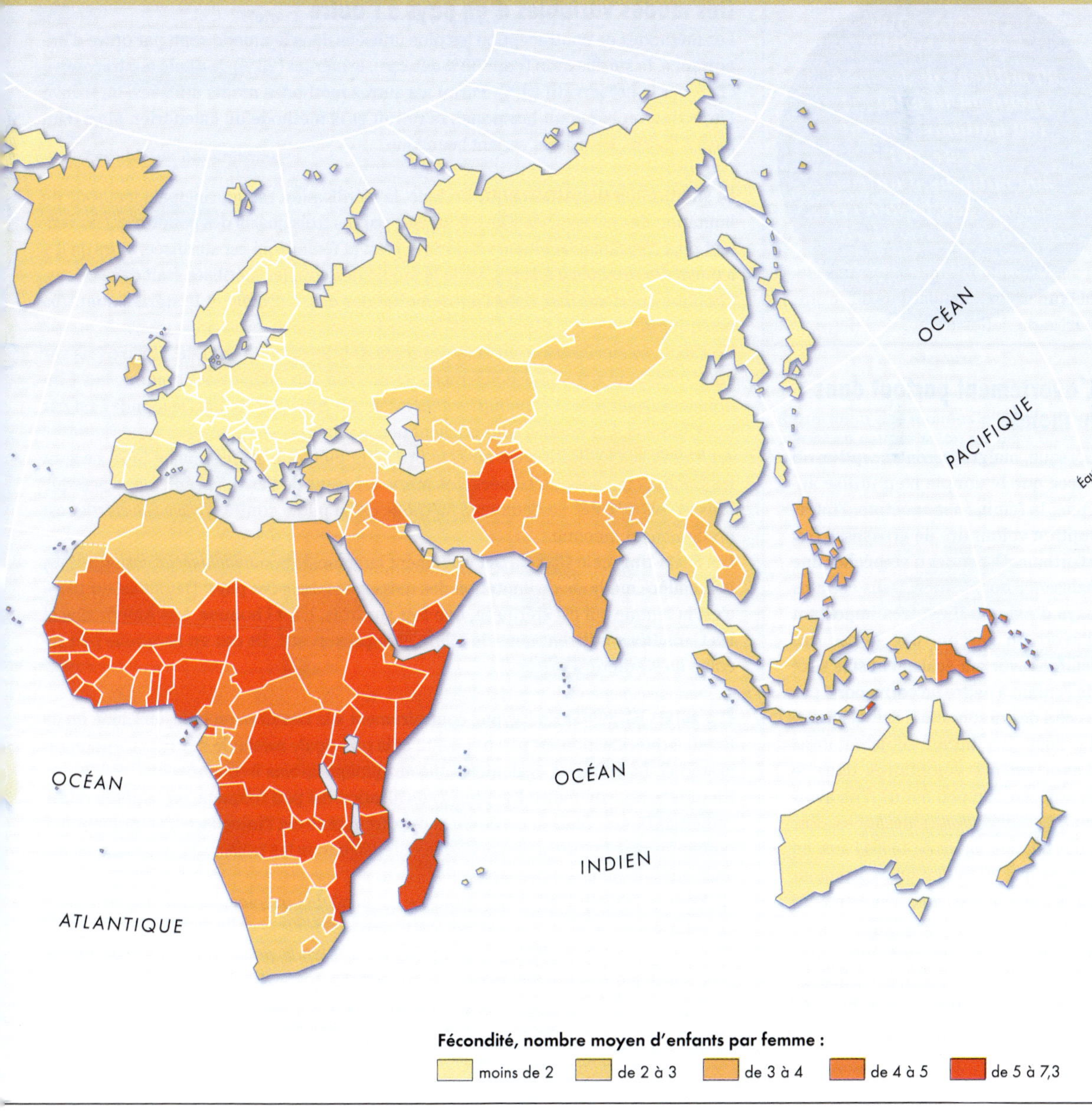

Projection : J. Bertin, 1950.

LA SÉLECTION DU SEXE : MODE PASSAG

Il naît normalement un peu plus de garçons que de filles, 105 pour 100 filles en moyenne. Pourtant la proportion de garçons chez les nouveau-nés a augmenté depuis les années 1980 dans plusieurs pays d'Asie, notamment en Chine où elle approche 120 garçons pour 100 filles en 2005, entraînant une hausse de la moyenne mondiale à 107 garçons pour 100 filles. La hausse dans ces pays vient de l'obsession d'avoir au moins un garçon et aux avortements sélectifs de filles pratiqués par les couples pour y arriver.

La volonté des couples d'avoir au moins un garçon

L'augmentation de la proportion de garçons à la naissance s'observe dans des pays partageant deux points communs. D'abord, une société fortement patrilinéaire où la place des femmes est réduite, ce qui fait que les familles tiennent beaucoup à avoir au moins un enfant mâle. Ensuite, une fécondité qui a diminué pour atteindre deux enfants en moyenne par femme, voire moins, comme en Chine (1,6 en 2005), en Corée du Sud (1,3) ou au Vietnam (1,9). Lorsque la fécondité était élevée, une famille se retrouvait rarement sans aucun garçon. Avec un ou deux enfants seulement, la probabilité de ne pas en avoir est devenue plus importante. Les couples ont donc cherché à s'affranchir du hasard.

Choisir le sexe de son enfant est un vieux rêve. Aucune technique cependant ne permet encore de décider du sexe de l'enfant lors de sa conception. La méthode utilisée dans les pays où la proportion de garçons a augmenté consiste à identifier le sexe de l'embryon pendant la grossesse et à avorter s'il n'est pas celui désiré. C'est possible depuis que l'échographie est devenue accessible au plus grand nombre dans les années 1980. L'examen permet de connaître le sexe sans trop d'erreurs à partir de 3 à 4 mois de grossesse. La méthode n'est pas efficace à 100 %. Plusieurs grossesses et plusieurs avortements successifs peuvent donc précéder la naissance d'un garçon. On attribue parfois la responsabilité de l'augmentation de la proportion de garçons en Chine à la politique coercitive de l'enfant unique. Il est vrai que les familles répugnaient à avoir une fille unique, mais la politique officielle correspondait aussi à leur souhait d'avoir peu d'enfants. D'ailleurs, un déséquilibre des sexes est apparu à la même époque en Corée du Sud, à Taïwan et à Hong Kong, sans politique de l'enfant unique. L'augmentation de la masculinité des naissances depuis les années 1980 tient en réalité à la conjonction de trois phénomènes : la réduction de la taille des familles, la volonté d'avoir un garçon à tout prix et la diffusion de l'échographie.

MASCULINITÉ DES NAISSANCES EN CHINE SELON LE NOMBRE ET LE SEXE DES ENFANTS DÉJÀ NÉS

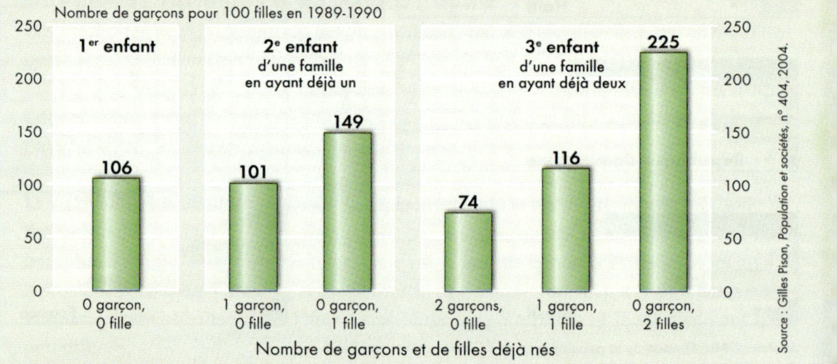

MASCULINITÉ DES NAISSANCES DANS LE MONDE

CHAQUE JOUR DANS LE MONDE

150 000 femmes avortent d'une grossesse qu'elles n'ont pas désirée ou parce que le sexe du fœtus n'est pas celui souhaité.

ÈRE OU PHÉNOMÈNE DURABLE ?

LA SITUATION EN ASIE

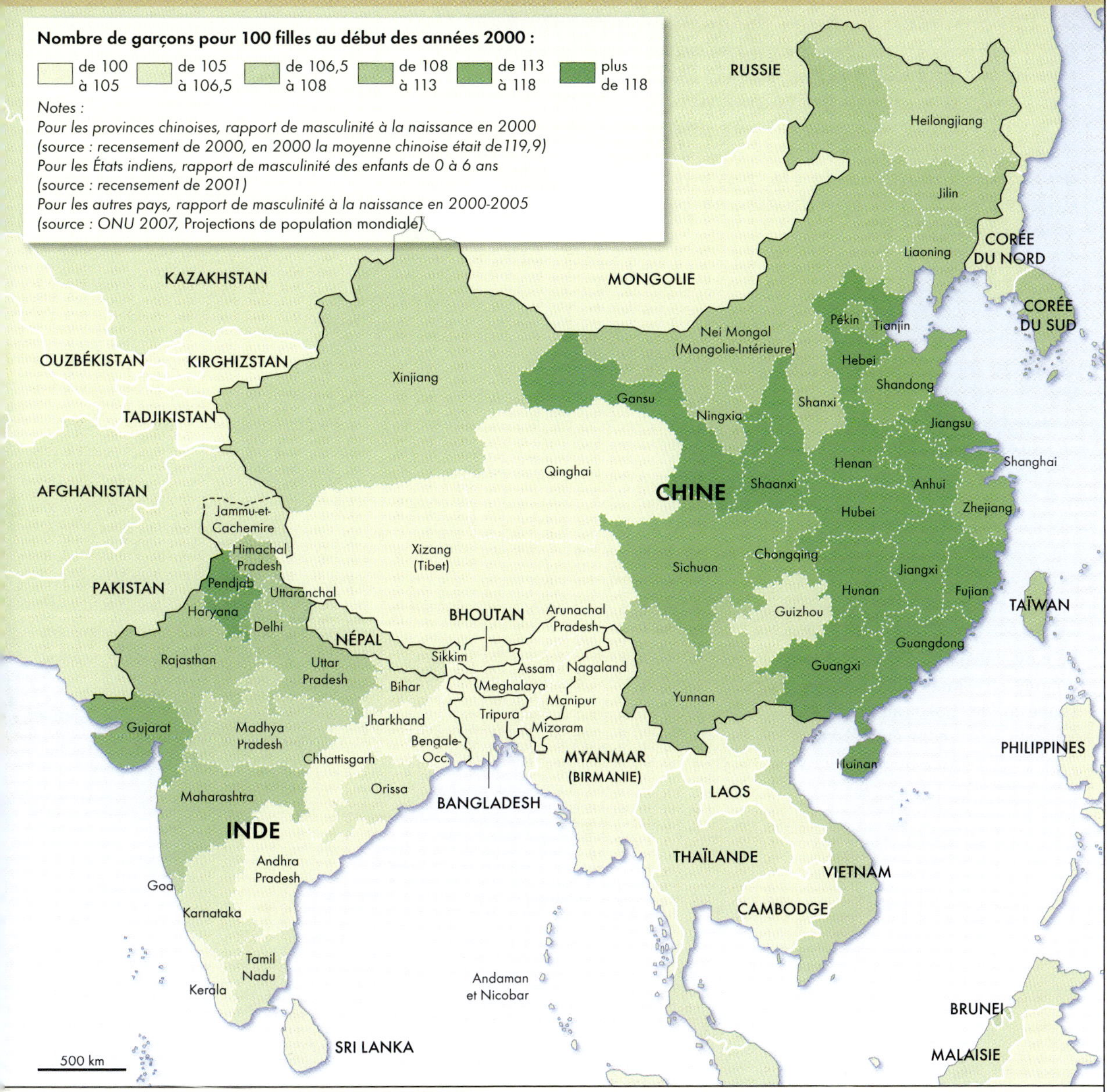

Des conséquences démographiques

Le rapport de masculinité à la naissance a également augmenté en Inde, mais sans encore atteindre les niveaux chinois : le recensement indien de 2001 a dénombré 108 garçons pour 100 filles parmi les enfants de moins de 7 ans, contre 106 en 1991 et 104 en 1981. Le déséquilibre des sexes affecte surtout pour l'instant les États du nord-ouest de l'Inde, notamment le Pendjab et l'Haryana où le recensement a trouvé près de 125 garçons pour 100 filles parmi les moins de 7 ans. D'autres pays d'Asie sont touchés comme le Vietnam (110 garçons pour 100 filles en 2006) ou les trois pays du Caucase (Géorgie, Arménie et Azerbaïdjan), pourtant très éloignés géographiquement de la Chine et de l'Inde, mais où le rapport de masculinité à la naissance atteint près de 118 garçons pour 100 filles en 2001. En Asie, le phénomène pourrait s'étendre à d'autres pays comme le Bangladesh et le Pakistan, quand leur fécondité aura suffisamment baissé. Mais tous les pays ne sont pas touchés : la Thaïlande, où la fécondité est basse (1,8 en 2005), ou l'Indonésie (2,3) ne connaissent pas le phénomène, sans parler du reste du monde, où le rapport de masculinité est resté normal jusqu'ici. Cependant, le phénomène a une dimension planétaire en raison du poids démographique de deux pays – la Chine et l'Inde regroupent 38 % de la population mondiale et le tiers des naissances mondiales.

De grandes inégalités d'espérance

L'âge limite de la vie humaine se situe aux alentours de 120 ans. Mais la durée de vie moyenne, mesurée par l'espérance de vie à la naissance, n'est encore que de 67 ans dans le monde en 2005. Elle a certes beaucoup augmenté grâce aux progrès médicaux et socio-économiques. Mais ces progrès sont loin de bénéficier de façon égale aux différentes régions du monde : la durée de vie moyenne varie de plus du simple au double – de 40 ans à plus de 80 ans – selon les pays.

La durée de vie dans le monde

Une progression globale… Dans le monde développé, l'espérance de vie continue de progresser et dépasse 80 ans dans beaucoup des pays, le Japon détenant le record avec 82,3 ans en 2005. Elle augmente aussi dans des pays où développement économique et progrès sanitaires sont plus récents comme la Chine, l'Inde ou les pays d'Amérique du Sud.

… mais aussi des reculs. Deux régions du monde connaissent cependant une stagnation voire un recul de l'espérance de vie : les pays de l'ex-URSS, autrefois bien placés, ont vu leur durée de vie moyenne baisser depuis quarante ans au point de n'atteindre que 65 ans en Russie en 2005, soit moins qu'en Indonésie (70 ans), en Égypte (71), au Brésil (72) ou au Vietnam (74). La crise est liée à la montée des décès violents, liés à l'alcoolisme et aux accidents, et au maintien d'une forte mortalité cardiovasculaire, contrairement aux autres pays développés où celle-ci a beaucoup reculé grâce à la prévention et aux traitements.
La seconde région du monde rassemble les pays africains touchés par l'épidémie de sida ou en conflits. L'espérance de vie, déjà peu élevée, a chuté de plus de vingt ans dans les pays les plus concernés par le sida, comme le Zimbabwe, en Afrique australe, où elle est retombée à moins de 41 ans en 2005, contre 63 ans quinze ans auparavant. Elle est aussi très basse dans les pays en proie à des conflits, comme la Sierra Leone (42 ans).

L'espérance de vie à la naissance dans le monde (2005)

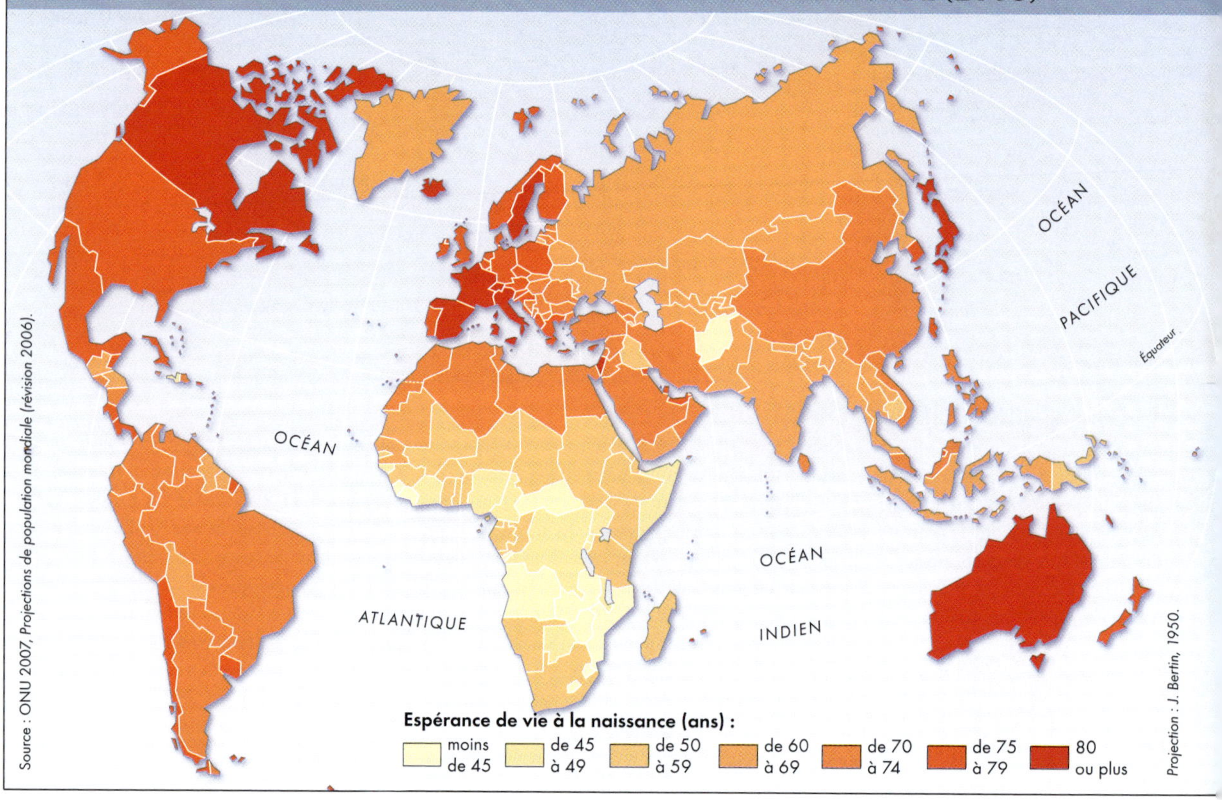

Source : ONU 2007, *Projections de population mondiale (révision 2006)*.

Projection : *J. Bertin, 1950.*

DE VIE

DURÉE DE VIE PAR CONTINENT

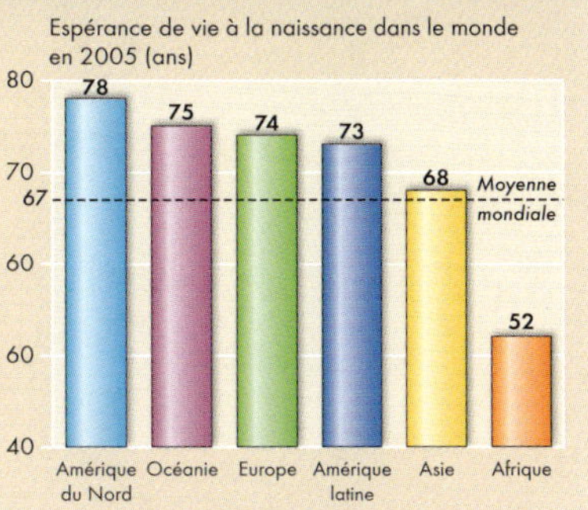

Source : ONU 2007, *Projections de population mondiale (révision 2006).*

SUR 100 PERSONNES QUI MEURENT DANS LE MONDE

20 sont des enfants de moins de 5 ans 4 des jeunes ayant entre 5 et 20 ans 25 des adultes entre 20 et 59 ans et 51 des personnes de 60 ans ou plus.

ÉVOLUTION 1950-2050

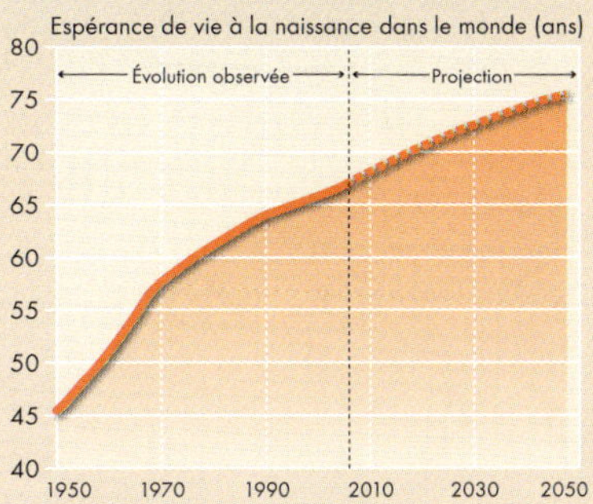

Source : ONU 2007, *Projections de population mondiale (révision 2006).*

Au cours des cinquante dernières années, la durée de vie moyenne (espérance de vie à la naissance) a progressé de plus de vingt ans dans le monde, passant de 46 ans (1950-1955) à 67 ans (2005-2010). Mais les situations restent très contrastées avec une durée de vie bien moindre dans beaucoup de pays du Sud. Alors qu'un Nord-Américain vit en moyenne 78 ans, un Africain vit en moyenne 52 ans.

L'espérance de vie : définition et calcul

L'espérance de vie est le nombre moyen d'années qu'un groupe d'individus peut s'attendre à vivre. Lorsque tous les individus sont morts, c'est leur âge moyen au décès. Pour le calculer, on s'appuie traditionnellement sur l'état civil. On sait par exemple que les personnes nées en France en 1880, aujourd'hui toutes décédées, ont vécu en moyenne 55 ans. Mais comment déterminer l'espérance de vie de personnes encore vivantes ? Comment savoir, par exemple, que l'espérance de vie à la naissance en France en 2008 était de 81,0 ans (84,4 pour les femmes et 77,6 pour les hommes) ? Les informations de l'état civil et du recensement permettent de calculer à chaque âge la proportion de personnes mortes durant l'année 2006. Par exemple, la proportion de personnes de 30 ans décédées a été de 0,8 pour 1 000 en 2008. On obtient ainsi le taux de mortalité à chaque âge pour cette année-là. Pour obtenir l'espérance de vie à la naissance, les démographes travaillent sur une génération fictive, par exemple un groupe de 1 000 personnes. Ils regardent d'année en année, tout au long de leur vie, combien vont mourir à chaque âge si leur risque de décéder était semblable à celui des personnes du même âge qui vivaient vraiment en 2008. Ces personnes connaîtraient, entre la naissance et leur premier anniversaire, les risques de décéder qu'ont connus les enfants de moins d'1 an en France en 2008 ; à 1 an, les risques qu'ont connus les enfants d'un an, etc., et à 90 ans, les risques qu'ont connus les personnes de 90 ans. Puis les démographes font la moyenne des durées de vie des membres du groupe. Ils obtiennent une durée de vie moyenne de 81,0 ans. La durée de vie moyenne de ce groupe fictif, basée sur la mortalité constatée en 2008, est l'espérance de vie à la naissance de l'année 2008. Cet indicateur permet de comparer la mortalité de différentes populations dans le monde. Grâce à lui, on peut aussi repérer si la mortalité augmente ou diminue d'une année à l'autre dans une même population.

PAYS OÙ L'ON VIT LE PLUS ET LE MOINS LONGTEMPS

LES DIX PAYS OÙ L'ON VIT LE PLUS LONGTEMPS

Espérance de vie à la naissance en 2005 (sexes confondus)

1	Japon	**82,3** ans
2	Islande	**81,5** ans
3	Suisse	**81,3** ans
4	Australie	**80,9** ans
5	Espagne	**80,5** ans
6	Suède	**80,5** ans
7	Italie	**80,3** ans
8	Canada	**80,3** ans
9	Israël	**80,3** ans
10	France	**80,2** ans

LES DIX PAYS OÙ L'ON VIT LE MOINS LONGTEMPS

Espérance de vie à la naissance en 2005 (sexes confondus)

10	Rép. Dém. du Congo	**45,8** ans
9	Rwanda	**45,2** ans
8	Liberia	**44,7** ans
7	Rép. centrafricaine	**43,7** ans
6	Afghanistan	**42,9** ans
5	Mozambique	**42,8** ans
4	Sierra Leone	**41,8** ans
3	Angola	**41,7** ans
2	Zimbabwe	**40,9** ans
1	Zambie	**40,5** ans

Source : ONU 2007, *Projections de population mondiale (révision 2006).*

L'ALLONGEMENT DE LA VIE : UNE RÉVOLU

L'espérance de vie à la naissance se situait autour de 25 ans autrefois partout sur la planète. Cela ne veut pas dire que les hommes mouraient à 25 ans. Il s'agit d'une moyenne : une partie des êtres humains mouraient très jeune, mais ceux qui échappaient à la mort pendant l'enfance pouvaient vivre jusqu'à des âges avancés. Voltaire a ainsi vécu jusqu'à 83 ans. L'espérance de vie a commencé à augmenter il y a un peu plus de deux siècles et son essor s'est fait par étapes. Les premiers progrès sont venus de la lutte contre la mort des enfants, et ils se sont poursuivis par le recul de la mort chez les adultes.

SUR 100 PERSONNES QUI MEURENT DANS LE MONDE

32 meurent d'infection
23 de maladies cardio-vasculaires
10 de cancer
6 de mort violente
29 d'une autre cause.

L'allongement de la vie dans le monde

L'espérance de vie à la naissance s'est mise à augmenter au XVIIIe siècle dans deux régions du monde : en Europe de l'Ouest et en Amérique du Nord. Les progrès socio-économiques, notamment dans l'agriculture, le commerce et les transports, font progressivement disparaître les famines. La mortalité des enfants diminue également grâce aux avancées de l'hygiène et de la médecine.

La poursuite de son recul au cours du XIXe et du XXe siècle et sa diffusion à l'ensemble du monde seront le principal moteur de la hausse de l'espérance de vie mondiale : elle fait plus que doubler au cours du XXe siècle, passant de près de 30 ans en 1900 à 65 ans en 2000. Dans les pays les plus avancés, la mortalité des enfants est maintenant descendue à des niveaux si faibles que, même si elle continue à diminuer, son recul ne pèse plus guère sur l'espérance de vie. Si celle-ci continue à augmenter, c'est en raison de la baisse de la mortalité chez les adultes et les personnes âgées.

Dans les pays moins avancés, la mortalité des enfants est encore élevée et pèse sur l'espérance de vie. Celle-ci ne continuera à progresser que grâce à la poursuite de la lutte contre la mort des enfants et aux efforts pour faire reculer la mortalité des adultes et des personnes âgées.

L'ÉVOLUTION DE LA COURBE DE SURVIE EN FRANCE

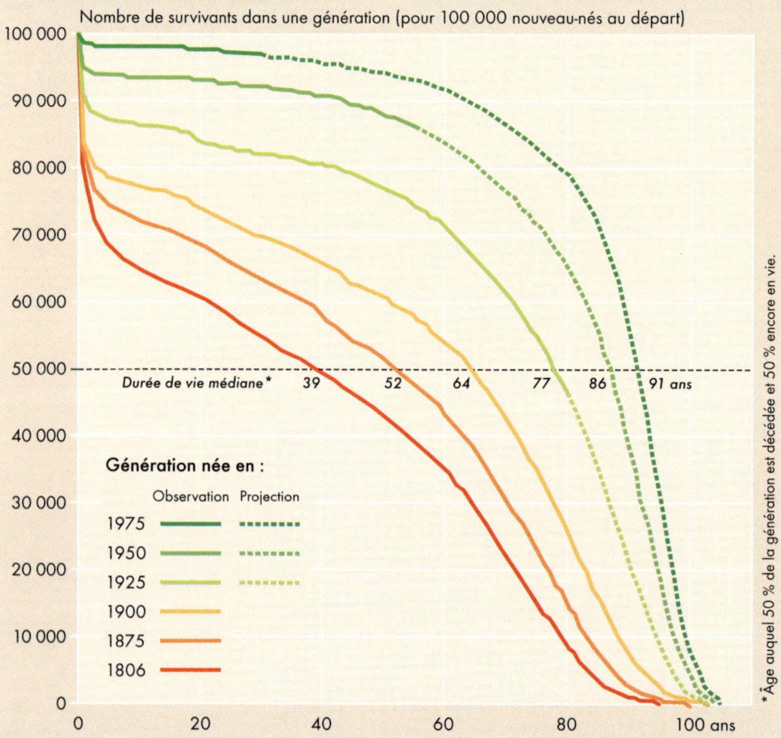

Source : Vallin et Meslé, *Tables de mortalité françaises pour les XIXe et XXe siècles et projections pour le XXIe siècle*, Ined, 2001.

TION RÉCENTE

LE RISQUE DE DÉCÈS SELON L'ÂGE EN FRANCE

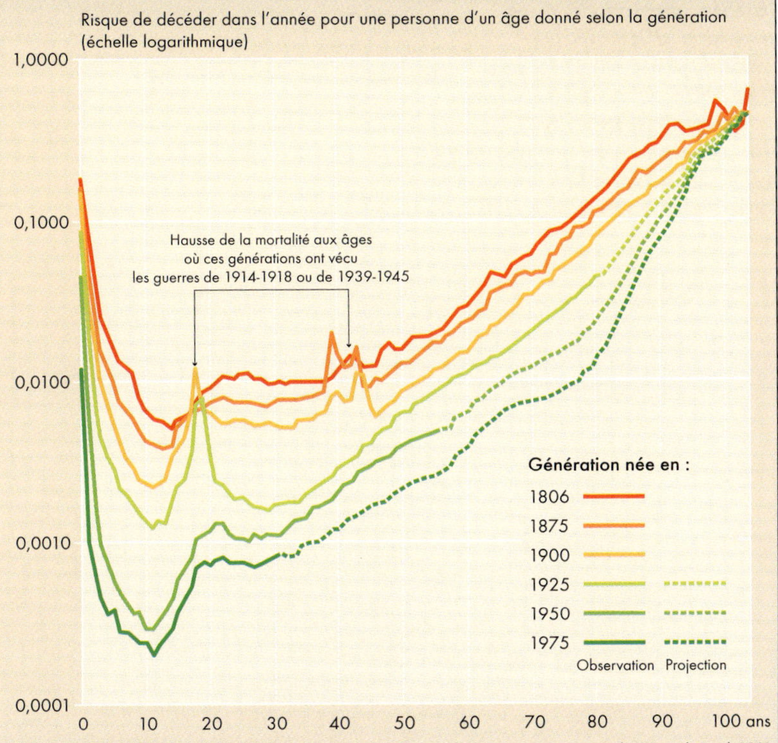

Source : Vallin et Meslé, *Tables de mortalité françaises pour les XIXe et XXe siècles et projections pour le XXIe siècle*, Ined, 2001.

L'ESPÉRANCE DE VIE EN FRANCE DEPUIS 1740

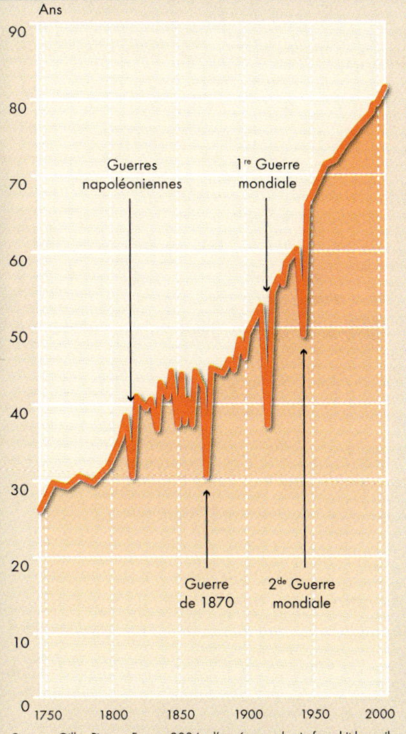

Source : Gilles Pison, « France 2004 : l'espérance de vie franchit le seuil de 80 ans », *Population et sociétés*, n° 410, 2005.

Deux siècles et demi de progrès de l'espérance de vie en France

L'espérance de vie à la naissance se situait autour de 25 ans en France au milieu du XVIIIe siècle, un niveau très faible lié à ce que la moitié des enfants mourait avant l'âge de 10 ans. Elle atteint 81 ans en 2008, soit plus qu'un triplement en deux siècles et demi.

La progression de l'espérance de vie n'a pas été régulière au cours de cette période. Elle a été interrompue par les conflits (guerres napoléoniennes, guerres de 1870, de 1914-1918 et de 1939-1945) qui ont entraîné des reculs importants. Mais ceux-ci n'ont duré que le temps du conflit, la progression reprenant ensuite la tendance de fond. Les progrès s'accélèrent à certaines périodes, comme au tournant du XVIIIe et du XIXe siècle, ou, cent ans plus tard, à la fin du XIXe siècle. Ils ralentissent à d'autres, comme entre 1850 et 1870.

L'IMPACT DE LA MORTALITÉ INFANTILE. Ces variations sont parallèles à celles de la mortalité infantile, encore très élevée à ces époques, et qui pèse beaucoup sur la durée de vie moyenne. La forte progression de l'espérance de vie autour de 1800 tient au recul très important de la mortalité des enfants grâce en partie à la vaccination contre la variole : le risque pour un nouveau-né de mourir dans sa première année passe en deux décennies de près de 275 pour 1 000 à près de 185 pour 1 000. Sa stagnation au milieu du XIXe siècle est concomitante d'une remontée de la mortalité infantile liée à l'industrialisation et l'urbanisation, qui dégradent les conditions de vie des enfants, notamment dans les villes. À l'inverse, la forte augmentation de l'espérance de vie à la fin du XIXe siècle vient des progrès de l'hygiène et de la médecine liés à la révolution pasteurienne, dont les enfants ont été les premiers bénéficiaires, et aussi de la mise en place des premières politiques de protection de la petite enfance.

Au XXe siècle, la mortalité infantile continue à diminuer jusqu'à atteindre des niveaux extrêmement bas : 3,6 pour 1 000 en 2008. Elle ne représente plus désormais qu'une part infime de la mortalité et, même si son recul se poursuit, il n'a quasiment plus d'effet sur l'espérance de vie. Celle-ci ne progresse qu'en raison des succès rencontrés dans la lutte contre la mortalité adulte, en particulier aux âges élevés où se concentrent de plus en plus les décès.

LA LUTTE CONTRE LA MORT DES ENFANTS :

La mortalité des enfants a beaucoup baissé au point que presque partout sur la planète, moins de cinq nouveau-nés sur cent meurent avant d'atteindre leur cinquième anniversaire, alors que c'était le cas de 40 à 50 d'entre eux autrefois. Elle reste cependant encore élevée dans quelques régions du monde, mais elle devrait aussi y reculer à terme car les moyens de lutte sont connus et peu chers. La mort d'un enfant devrait bientôt n'être qu'un événement rare et accidentel partout.

LA MORTALITÉ DES ENFANTS DE MOINS DE 5 ANS DANS LE MONDE EN 2005

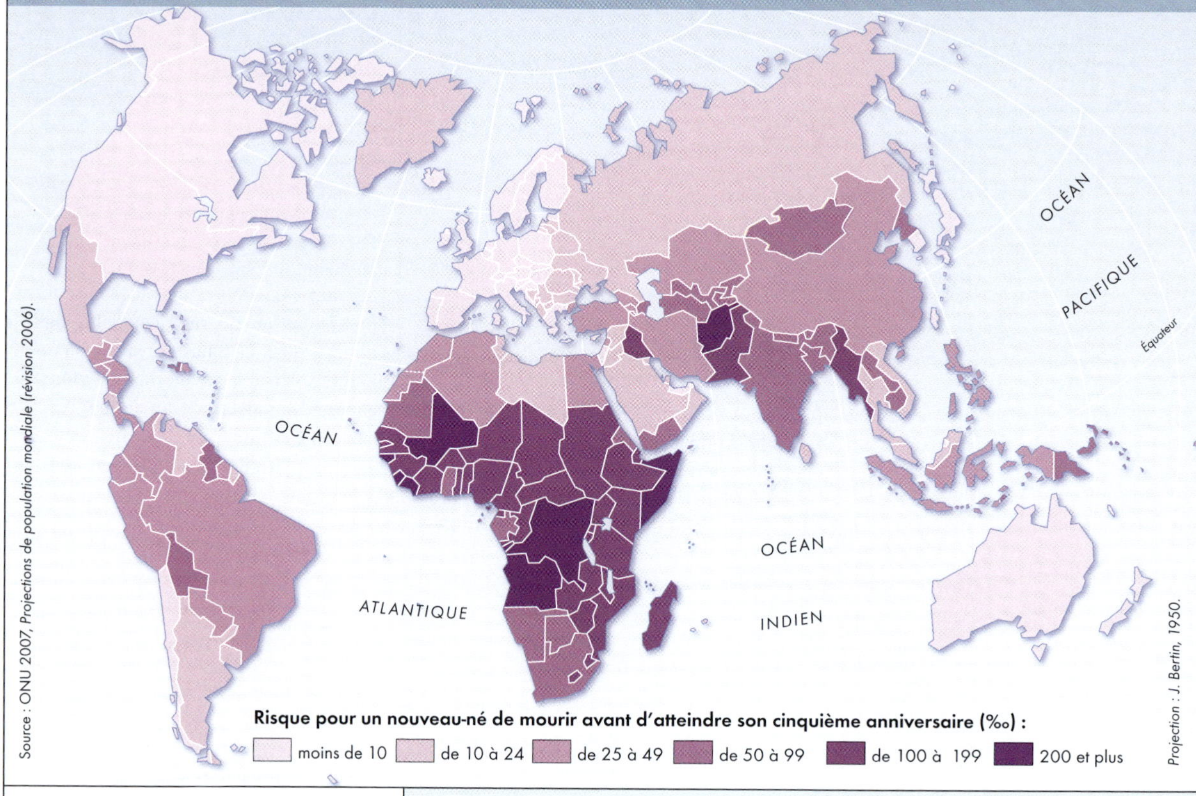

Source : ONU 2007, Projections de population mondiale (révision 2006).

Projection : J. Bertin, 1950.

SUR 100 ENFANTS DE MOINS DE 5 ANS QUI MEURENT DANS LE MONDE

49 meurent en Afrique
47 en Asie
3 en Amérique latine
1 en Europe, en Amérique du Nord et en Océanie.

L'Afrique à la traîne

Près d'1 nouveau-né sur 20 meurt dans le monde avant de fêter son premier anniversaire (en 2005). Et parmi ceux qui le fêtent, 1 sur 40 meurt dans les quatre années suivantes. Au total, ce sont près de 80 nouveau-nés sur 1 000 qui meurent avant d'atteindre leur cinquième anniversaire. Les inégalités entre pays sont énormes dans ce domaine, entre d'un côté les pays industrialisés, où seulement moins de 10 nouveau-nés sur 1 000 meurent avant 5 ans (en 2005), et ceux d'Afrique tropicale, où sauf exception, c'est le cas de plus de 100 nouveau-nés sur 1 000. Des taux aussi élevés ne s'observent ailleurs qu'en Afrique, que dans quelques pays en guerre comme l'Afghanistan ou l'Irak, ou dans des pays au système sanitaire particulièrement défaillant, comme le Pakistan et la Birmanie.

UN COMBAT EN PASSE D'ÊTRE GAGNÉ

DES ÉVOLUTIONS CONTRASTÉES DE LA MORTALITÉ DES ENFANTS

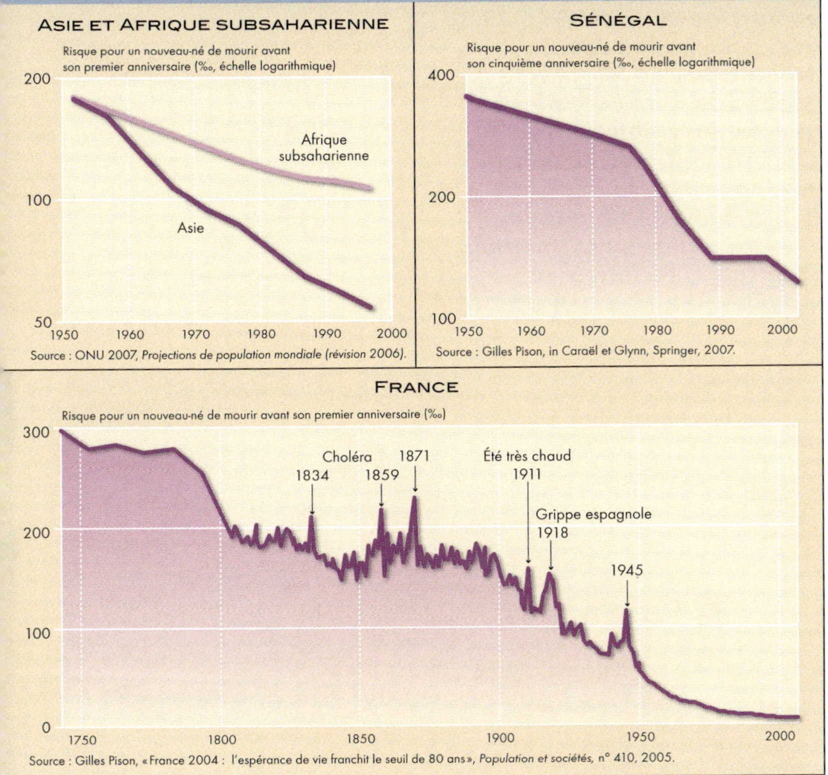

La baisse de la mortalité des enfants : un rythme variable

LA DIVERGENCE ENTRE L'ASIE ET L'AFRIQUE Il y a plus de cinquante ans, l'Asie et l'Afrique subsaharienne en étaient au même stade avec une mortalité infantile (proportion de nouveau-nés mourant avant de fêter leur premier anniversaire) proche de 200 pour 1 000. Elles ont divergé depuis : la mortalité infantile a baissé régulièrement en Asie, et elle y est inférieure à 50 pour 1 000 (45 pour 1 000 en 2005). En Afrique au sud du Sahara, elle a baissé aussi, mais plus lentement, et à un rythme ralentissant à la fin du XXe siècle, ce qui fait qu'elle atteint encore 95 pour 1 000 en 2005. C'est plus du double qu'en Asie.

ACCÉLÉRATIONS ET RALENTISSEMENTS AU SÉNÉGAL Au Sénégal, près de 4 nouveau-nés sur 10 mouraient avant d'atteindre leur cinquième anniversaire au début des années 1950, alors que ce n'est plus le cas que d'1 sur 10 au début des années 2000. La baisse s'est faite à un rythme variable, avec des accélérations à certaines périodes, et des ralentissements, voire même des arrêts, à d'autres. La baisse est lente au début, l'immense majorité de la population vivant à la campagne, et bénéficiant peu des infrastructures sanitaires – hôpitaux, dispensaires – construits en ville. Les activités sanitaires qui touchent les campagnes sont principalement celles du service des grandes endémies qui luttent contre des pathologies, comme la maladie du sommeil ou la lèpre, et éradiquent notamment la variole. La baisse s'accélère dans les années 1970 et 1980 grâce à la vaccination généralisée des enfants contre les maladies de la petite enfance. Seuls ceux des villes et qui appartenaient aux milieux instruits étaient jusqu'alors vaccinés. L'extension des vaccinations à tous les enfants, y compris à ceux des campagnes, fait rapidement baisser la mortalité, même si seulement la moitié d'entre eux sont effectivement vaccinés. Les progrès cessent dans les années 1990 en raison de la stagnation de l'effort vaccinal et de la recrudescence de la mortalité due au paludisme, liée aux résistances aux traitements utilisés jusqu'alors. L'utilisation de nouveaux traitements et la reprise de l'effort vaccinal notamment pour éradiquer la poliomyélite entraînent la reprise des progrès au début des années 2000.

LA FRANCE, UNE ÉVOLUTION PLUS ANCIENNE En France, au XVIIIe siècle, près de 3 nouveaux-nés sur 10 mouraient dans leur première année. Leur mortalité recule autour de 1800 grâce en partie à la vaccination contre la variole (voir page précédente). La mortalité infantile remonte au milieu du XIXe siècle en raison de l'industrialisation et de l'urbanisation. La tendance revient à la baisse à la fin du XIXe siècle grâce à la révolution pasteurienne et aussi à la mise en place des premières politiques de protection de la petite enfance.

LES VACCINATIONS : UNE ARME PEU COÛ

Si la mortalité des enfants a diminué, c'est d'abord grâce au progrès sanitaire. Les vaccinations ont beaucoup contribué au recul des infections, principales causes de décès des enfants. Si tous les enfants de la planète ne sont pas vaccinés, cela ne vient pas d'un coût élevé des vaccins. Au contraire, il est souvent faible et pris en charge par des organisations internationales dans le cas des pays les plus pauvres. La raison tient plutôt à un intérêt insuffisant pour la prévention et à une mauvaise organisation. La proportion d'enfants vaccinés, très corrélée à la mortalité des enfants, reflète bien l'organisation sanitaire d'un pays.

LA VACCINATION CONTRE LA ROUGEOLE DANS LE MONDE (2005)

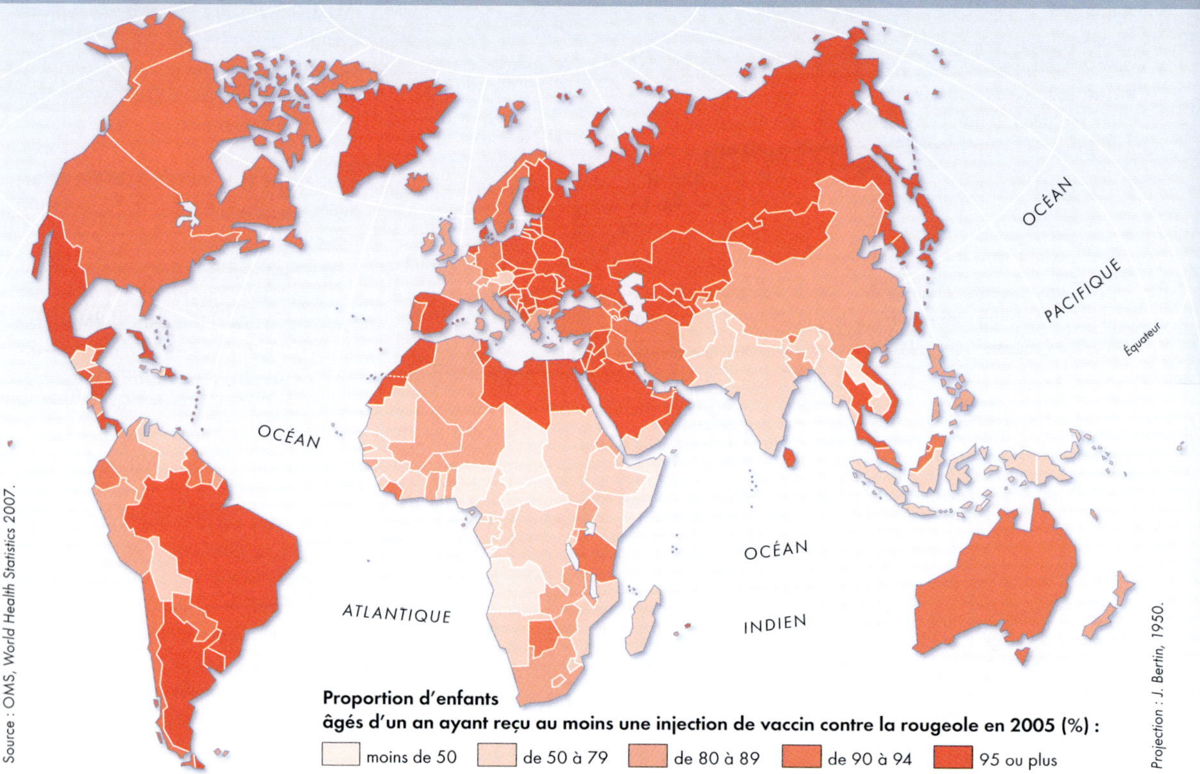

Source : OMS, World Health Statistics 2007.

Projection : J. Bertin, 1950.

L'accès aux vaccins

Une partie des enfants qui décèdent meurent de maladies infectieuses évitables par la vaccination. La rougeole, la coqueluche et le tétanos néonatal, pour lesquels il existe des vaccins, causent ensemble plus d'un million de morts chaque année, notamment un décès d'enfant de moins de 5 ans sur dix (en 2002). Les enfants qui attrapent ces maladies tout en en réchappant en sortent souvent affaiblis, avec un risque accru de succomber d'une autre maladie ensuite. La vaccination est pourtant l'un des actes médicaux les plus simples et les plus rentables en terme de prévention des maladies et de réduction de la mortalité. Cela fait plus de cent ans que le premier vaccin contre le tétanos a été inventé, et respectivement plus de quatre-vingts ans et plus de quarante ans qu'il en existe un pour la coqueluche (le premier vaccin a été inventé en 1926) et pour la rougeole (1963).

De nouveaux vaccins devraient voir le jour dans le futur, permettant de prévenir directement les infections entraînant diarrhées et pneumonies, principales causes de décès chez les enfants aujourd'hui. Grâce aux vaccins, plusieurs maladies infectieuses devraient pouvoir être éradiquées de la planète, comme l'a été la variole en 1979. La poliomyélite est sur le point de disparaître, la rougeole pourrait suivre dans quelques années ou décennies.

TEUSE CONTRE LES INFECTIONS

L'exemple de la vaccination contre la rougeole

En 2005, dans le monde, 77 % des enfants de 2 ans avaient été vaccinés contre la rougeole. La proportion a certes beaucoup progressé depuis 1980 où elle n'était que de 17 %, mais elle est encore loin de l'objectif de 90 %, voire de 100 %. Ce n'est pas dans les pays les plus riches que les enfants sont le mieux vaccinés. La couverture vaccinale dépasse 95 % dans des régions en développement où l'offre de soins de base a beaucoup progressé récemment, comme l'Afrique du Nord, le Moyen-Orient et l'Amérique latine, et aussi en Europe de l'Est et dans les pays de l'ex-URSS, qui ont su maintenir les niveaux élevés de couverture vaccinale atteints sous les régimes communistes. En Amérique du Nord, en Australie et en Europe de l'Ouest et du Nord, la couverture est moindre, entre 80 et 95 %, la vaccination n'étant pas toujours obligatoire, ni considérée comme une priorité. La couverture vaccinale se situe en dessous de 80 % dans les régions les plus pauvres de la planète, en Asie du Sud et en Afrique subsaharienne. Les pays les plus en retard sont le Nigeria, le Tchad, la République centrafricaine et l'Angola, où moins de la moitié des enfants sont vaccinés.

À Bandafassi (Sénégal) La vaccination contre la rougeole a pourtant beaucoup fait reculer la mortalité des enfants dans le monde. Dans la région de Bandafassi, au Sénégal, cette maladie était la cause d'un décès sur cinq chez les enfants au-delà du premier mois avant que ceux-ci ne soient vaccinés. L'introduction des vaccinations à la fin des années 1980 a fait reculer la part de la rougeole à moins de 3 %, avec pourtant seulement la moitié des enfants vaccinés. La mortalité des enfants quelle qu'en soit la cause a baissé immédiatement de 40 %, soit plus que ce qu'on attendait de la simple suppression des décès liés directement aux maladies ciblées par les vaccins – la rougeole, la coqueluche, le tétanos, etc. Les vaccins ont des effets bénéfiques non spécifiques : en stimulant l'immunité, ils diminuent aussi la mortalité due aux autres maladies – diarrhée, paludisme – contre lesquelles les enfants ne peuvent pas être vaccinés pour l'instant faute de vaccins.

CHAQUE JOUR DANS LE MONDE

30 000 enfants de moins de 5 ans meurent, dont
10 000 de diarrhée
5 000 de pneumonie
2 500 de paludisme
2 000 de rougeole
1 500 de tétanos néonatal
1 000 de coqueluche.

Malnutrition et maladies infectieuses

On a longtemps pensé que la forte mortalité des enfants dans les pays du Sud était liée à la malnutrition, ceux-ci succombant aux maladies de la petite enfance comme la rougeole ou la coqueluche parce qu'ils étaient malnutris, et non en raison des maladies elles-mêmes. Au point que la mortalité infantile était proposée comme indicateur de la malnutrition, et des programmes de distribution de compléments alimentaires comme la solution pour faire reculer la mortalité chez les enfants. On sait aujourd'hui que la malnutrition – repérée par un poids ou une taille inférieurs à la norme – résulte autant sinon plus d'infections, notamment intestinales, occasionnant des diarrhées entraînant perte de poids et retard de croissance lorsqu'elles ne sont pas traitées, que d'une mauvaise alimentation. La prévention des infections grâce aux vaccinations est d'autant plus prioritaire qu'elle contribue également à prévenir la malnutrition.

MORTALITÉ PAR ROUGEOLE À BANDAFASSI (SÉNÉGAL)

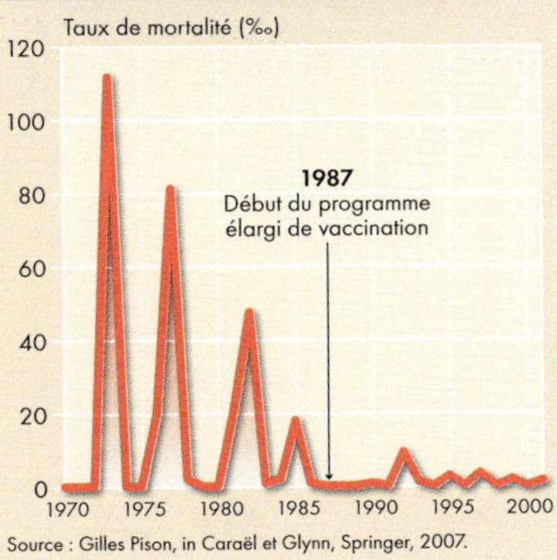

Source : Gilles Pison, in Caraël et Glynn, Springer, 2007.

LES DÉCÈS D'ENFANTS : RÉPARTITION ET CAUSES

CAUSES DES DÉCÈS DES ENFANTS DE MOINS DE 5 ANS EN 2002 DANS LE MONDE

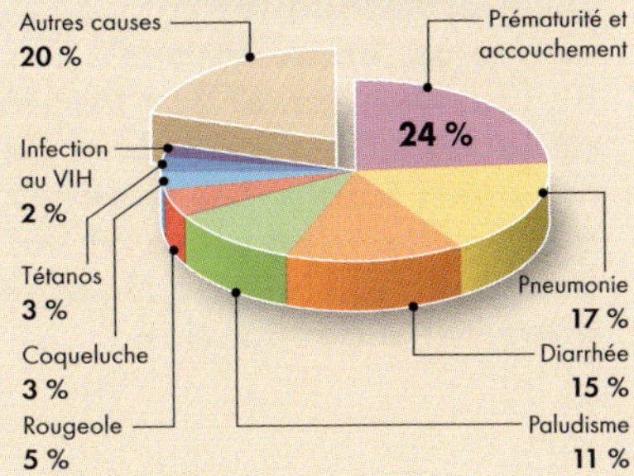

Source : OMS 2007, *Global Burden of Disease*.

NOMBRE DE DÉCÈS D'ENFANTS DE MOINS DE 5 ANS EN 2005 PAR CONTINENT

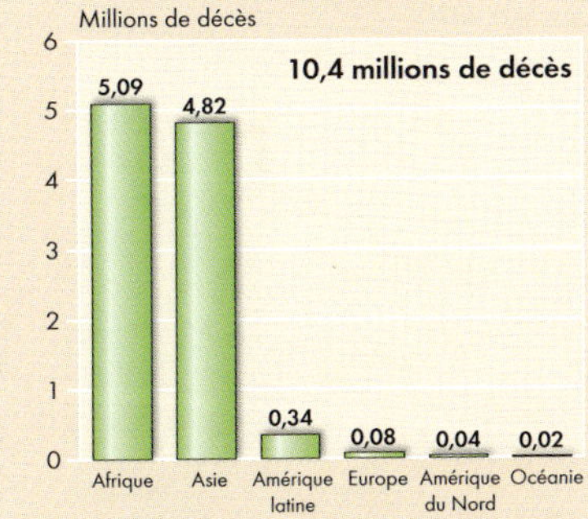

MORTALITÉ AVANT 5 ANS EN 2005 SELON LES CONTINENTS

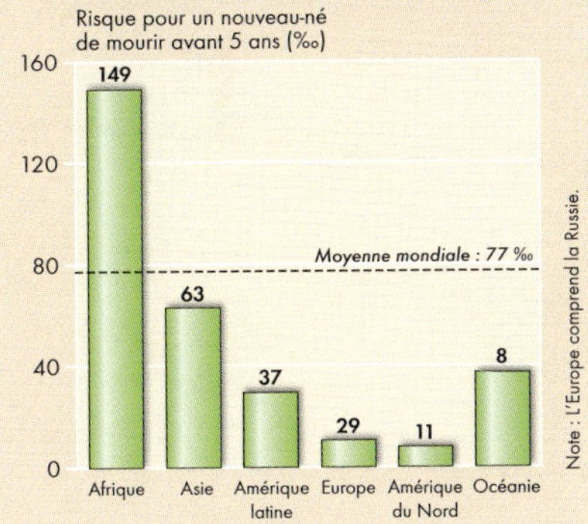

Source : ONU 2007, *Projections de population mondiale (révision 2006)*.

LES PROGRÈS ÉCONOMIQUES ET SOCIAUX,

Si la mort des enfants a reculé et si la durée de vie s'est allongée, ce n'est pas seulement en raison des progrès de l'hygiène et de la médecine, mais aussi des progrès socio-économiques comme l'augmentation des rendements agricoles, l'amélioration des transports ou la diffusion de l'instruction. Si des hommes souffrent toujours de la faim, leur part dans l'ensemble mondial n'a jamais été aussi faible. Les famines se sont raréfiées et celles que l'on connaît aujourd'hui sont surtout liées aux guerres civiles qui empêchent l'aide alimentaire d'arriver à destination.

Des transports plus efficaces et l'instruction accessible à tous

En 2005, 2,3 milliards de tonnes de céréales ont été produites dans le monde, dont un dixième a été transporté d'un pays à l'autre. Le commerce mondial des céréales, en assurant une redistribution entre les pays à production excédentaire par rapport à leurs besoins et ceux au contraire en déficit, contribue à la réduction de la mortalité et à l'allongement de la durée de vie. L'amélioration des transports a supprimé les famines de la plupart des régions du monde.

L'humanité était presque totalement illettrée il y a deux siècles. C'est à la fin du XIXe siècle et en Europe, que l'instruction a cessé d'être un privilège aristocratique. Instrument du développement, elle est devenue gratuite et obligatoire. Partout, même dans les régions les plus pauvres, l'instruction des femmes est toujours associée à une meilleure santé et à une diminution de la mortalité chez les enfants.

L'ANALPHABÉTISME CHEZ LES FEMMES (2000)

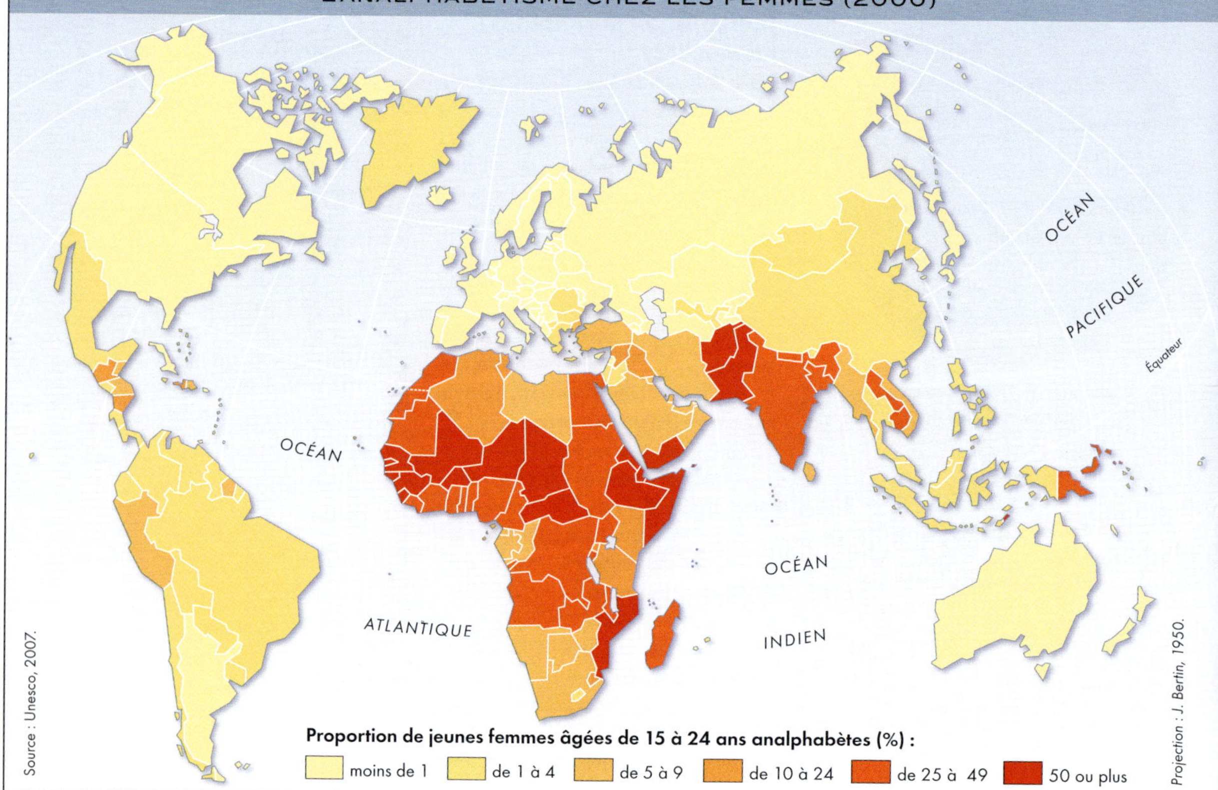

SOURCES D'AMÉLIORATION SANITAIRE

LE COMMERCE MONDIAL DE BLÉ ET DE RIZ EN 2005

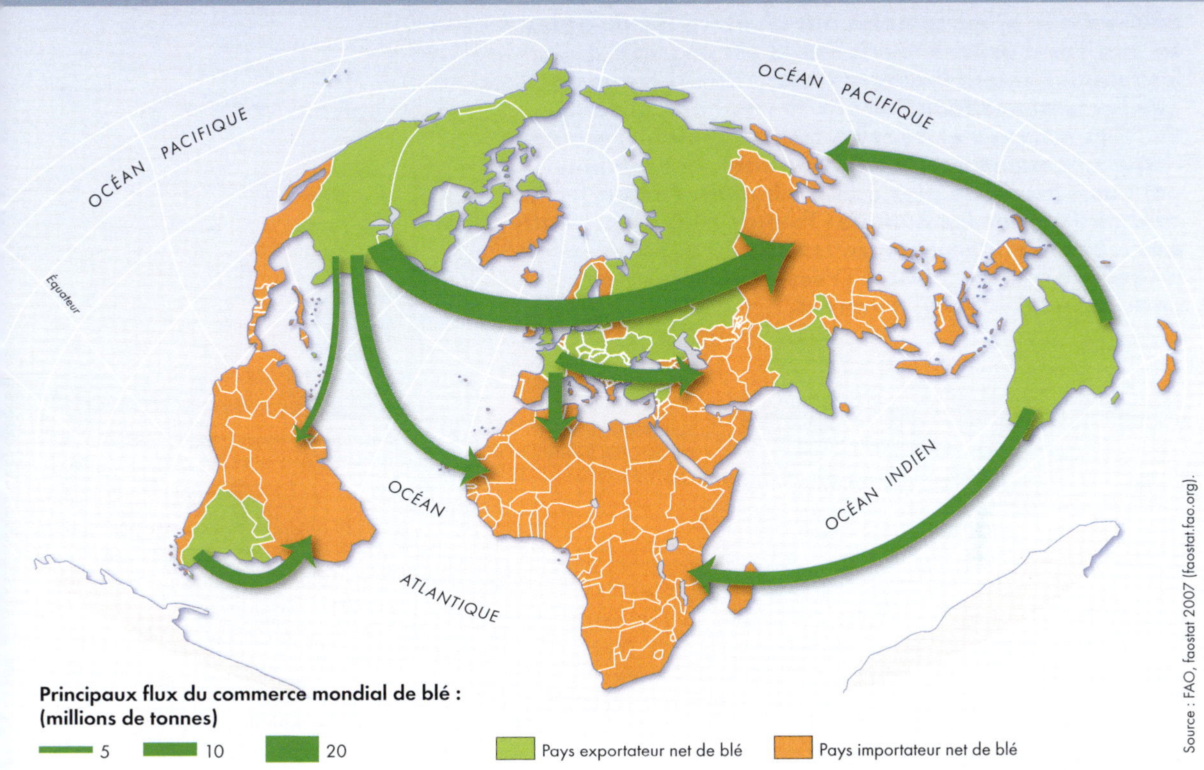

La multiplication des rendements agricoles

En France, la culture du blé produisait en moyenne autour d'une tonne à l'hectare au début du XIXe siècle. Elle en produit sept fois plus aujourd'hui, l'essentiel des progrès ayant eu lieu à partir des années 1950. Le rendement de la culture du riz a aussi beaucoup progressé récemment en Chine, passant de deux tonnes et demie à l'hectare jusque dans les années 1960 à plus de six dans la deuxième moitié des années 1990. L'augmentation des rendements agricoles, due à l'amélioration des techniques, l'utilisation en particulier d'engrais et de variétés sélectionnées, a réduit la fréquence des famines et la mortalité qui leur était liée. L'Inde était ainsi encore touchée par la famine à la fin des années 1950. Le pays ne produisait pas assez pour nourrir ses 400 millions d'habitants et devait importer. Cinquante ans plus tard, grâce à l'amélioration des techniques agricoles et alors que la population a presque triplé, les famines ont disparu et le pays est autosuffisant, il exporte même des céréales.

RENDEMENTS EN CÉRÉALES

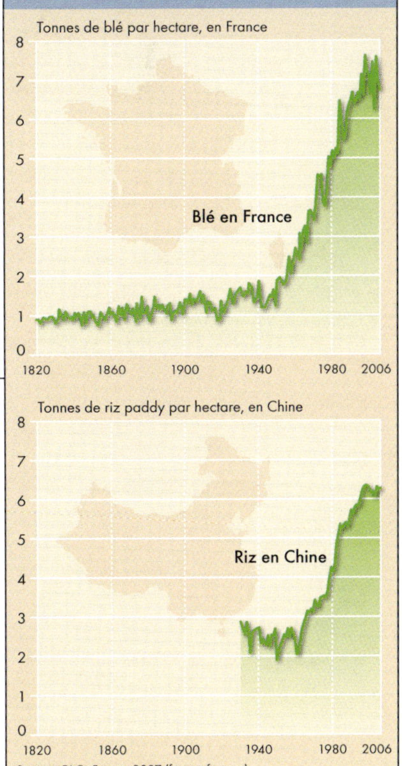

Source : FAO, Faostat 2007 (faostat.fao.org).

SUR 100 ENFANTS QUI NAISSENT DANS LE MONDE

75 pourraient aller à l'école jusqu'à la fin du primaire 25 quitter l'école avant.

LES ÉCARTS DE MORTALITÉ ENTRE HOM

Les petites filles meurent moins que les garçons aujourd'hui, et les femmes ont distancé les hommes en matière d'espérance de vie. Il est possible que les femmes soient biologiquement moins fragiles que les hommes mais les écarts viennent surtout de leurs activités et de leurs comportements, moins risqués et moins nocifs pour la santé. Les femmes ont aussi bénéficié plus que les hommes des progrès sanitaires. Mais les hommes font de plus en plus attention à leur santé et l'écart entre les sexes, qui se creusait jusqu'aux années 1970, se resserre depuis peu dans les pays les plus avancés.

Un avantage féminin : une vie plus longue

Les femmes vivent en moyenne près de cinq ans de plus que les hommes dans le monde – en 2005, leur espérance de vie à la naissance est de 68,9 ans contre 64,4 pour les hommes.

UNE DIFFÉRENCE DE COMPORTEMENTS. Tout au long de la vie, les hommes prennent plus de risques que les femmes et ont plus fréquemment des comportements nocifs, notamment ils fument plus et boivent plus d'alcool. Ils sont en général moins attentifs à leur santé et fréquentent moins souvent les médecins. Si les femmes sont plus familières du suivi médical, c'est d'abord parce qu'elles s'occupent traditionnellement des enfants et les emmènent se faire vacciner ou consulter. Elles ont aussi plus souvent l'occasion de consulter pour elles-mêmes, pour la contraception ou le suivi gynécologique.

UNE DIFFÉRENCE BIOLOGIQUE ? Il est possible que les femmes soient intrinsèquement moins fragiles que les hommes, mais ce qui est sûr, c'est que les filles et les femmes ne réagissent pas de la même façon que les hommes aux différents traitements reçus tout au long de la vie, notamment aux vaccinations. Leur système immunitaire fonctionne un peu différemment du leur pour permettre les grossesses ; le fœtus est en effet un corps étranger pour la mère et celle-ci pourrait le rejeter. Des mécanismes existent pour l'empêcher et permettre à la grossesse de se poursuivre jusqu'à son terme. Lorsqu'une fille est vaccinée, elle en tire probablement un plus grand bénéfice en terme de réduction du risque de décès qu'un garçon. Les vaccinations, qui se sont généralisées depuis quelques décennies, ont sans doute contribué au creusement de l'écart d'espérance de vie entre les sexes.

L'ÉCART SE RESSERRE. Dans les pays développés, l'inégalité entre les sexes s'est creusée au cours du XXe siècle, l'écart d'espérance de vie entre hommes et femmes ayant atteint, par exemple, plus de huit ans en France dans les années 1980. Mais l'avantage féminin a commencé à se réduire récemment, d'abord dans les pays anglo-saxons et nordiques, puis en France et dans les pays méditerranéens. L'espérance de vie progresse désormais plus vite chez les hommes, ceux-ci adoptant les comportements féminins favorables à la santé.

LA MORTALITÉ MATERNELLE

Nombre de décès maternels pour 100 000 naissances vivantes en 2005

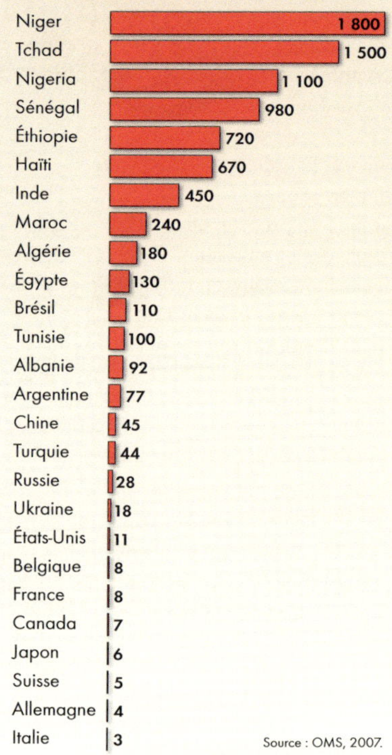

Source : OMS, 2007.

CHAQUE JOUR DANS LE MONDE

1 000 femmes meurent des suites d'une grossesse ou d'un accouchement.

MES ET FEMMES

LA MORTALITÉ DES ENFANTS SELON LE SEXE EN 2005

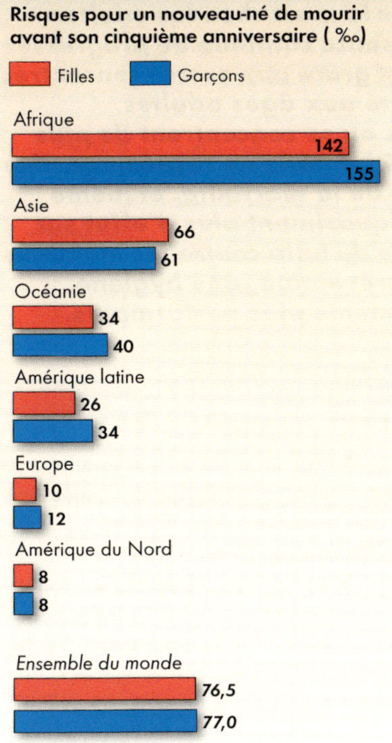

Source : ONU 2007, *Projections de population mondiale (révision 2006).*

Le risque de mort maternelle : des écarts énormes

L'espérance de vie des hommes et des femmes était du même ordre autrefois, avant la transition démographique, l'avantage des secondes étant neutralisé par le risque proprement féminin de mourir d'une grossesse ou d'un accouchement.

Grâce au progrès sanitaire, ce risque a baissé tout en restant élevé à l'échelle mondiale : 0,4 % en moyenne par grossesse, ce qui occasionne un peu plus d'un demi-million de décès féminins en 2005. Plus de la moitié surviennent en Afrique (51 % en 2005), les autres ayant lieu surtout en Asie (45 %) et, secondairement, en Amérique latine (3 %). Moins de 1 % des décès maternels se produisent en Europe ou en Amérique du Nord. En 2005, le taux de mortalité maternelle varie selon une échelle de 1 à 600, entre l'Italie où il est le plus bas (3 décès maternels pour 100 000 naissances vivantes) et le Niger où il est le plus élevé (1 800).

Dans les pays où les femmes ont beaucoup d'enfants et où l'encadrement sanitaire est moindre, comme en Afrique, les risques se cumulent de grossesse en grossesse au point que dans certains, près d'1 jeune fille sur 10 est amenée à succomber un jour de décès maternel.

LA SURMORTALITÉ MASCULINE EN FRANCE

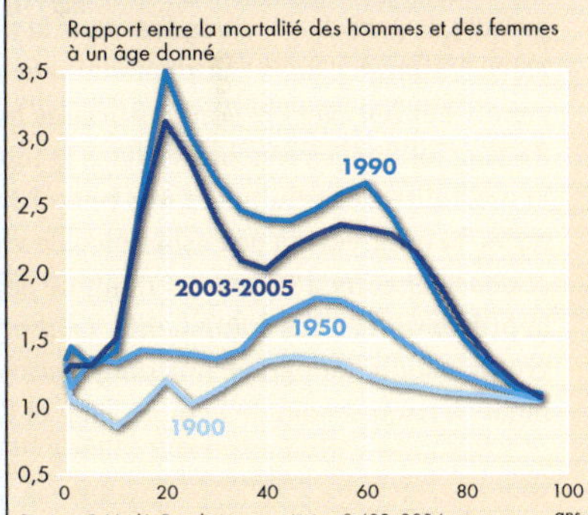

Source : F. Meslé, *Population et sociétés*, n° 402, 2004.

ÉCART D'ESPÉRANCE DE VIE

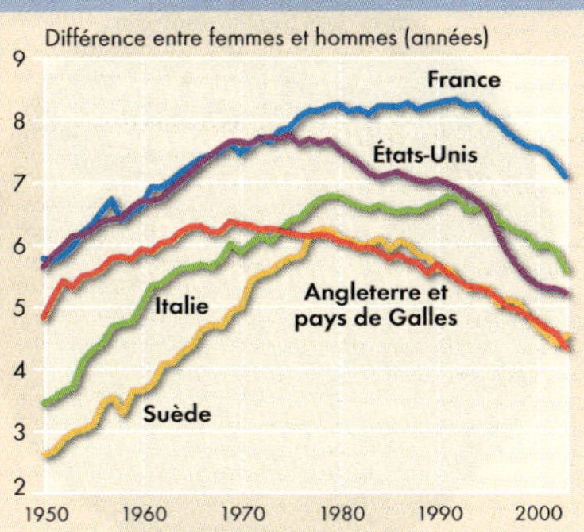

Source : F. Meslé, « Espérance de vie : un avantage féminin menacé », *Population et sociétés*, n° 402, 2004.

La surmortalité masculine

La diminution globale de la mortalité et la très forte réduction de la mortalité maternelle ont fait progressivement apparaître une surmortalité masculine à tous les âges. De l'ordre d'un tiers en France chez les garçons, elle augmente ensuite : à 20 ans, les hommes meurent trois fois plus que les femmes, et, aux âges adultes, entre 30 et 70 ans, deux à deux fois et demie plus.

L'avantage féminin n'est cependant pas universel. En Asie, les filles meurent plus que les garçons. En Chine et en Inde notamment, les garçons sont préférés et ils sont mieux soignés lorsqu'ils sont malades.

POPULATION ET RICHESSES : DES RÉPAR

La population et la richesse mondiale sont réparties de façon inégales sur la planète : les grandes concentrations humaines sont au Sud, et les richesses au Nord. La croissance économique rapide de l'Amérique du Sud et de l'Asie réduit les contrastes sans les supprimer : les habitants du Nord resteront encore longtemps les plus riches. L'ordre des pays n'est d'abord pas le même selon qu'on les classe par population ou par richesse. Les cartes de répartition faisant abstraction des limites des États montrent ensuite que les principaux foyers de population et de richesse ne coïncident pas.

LES FOYERS DE POPULATION DANS LE MONDE (2004)

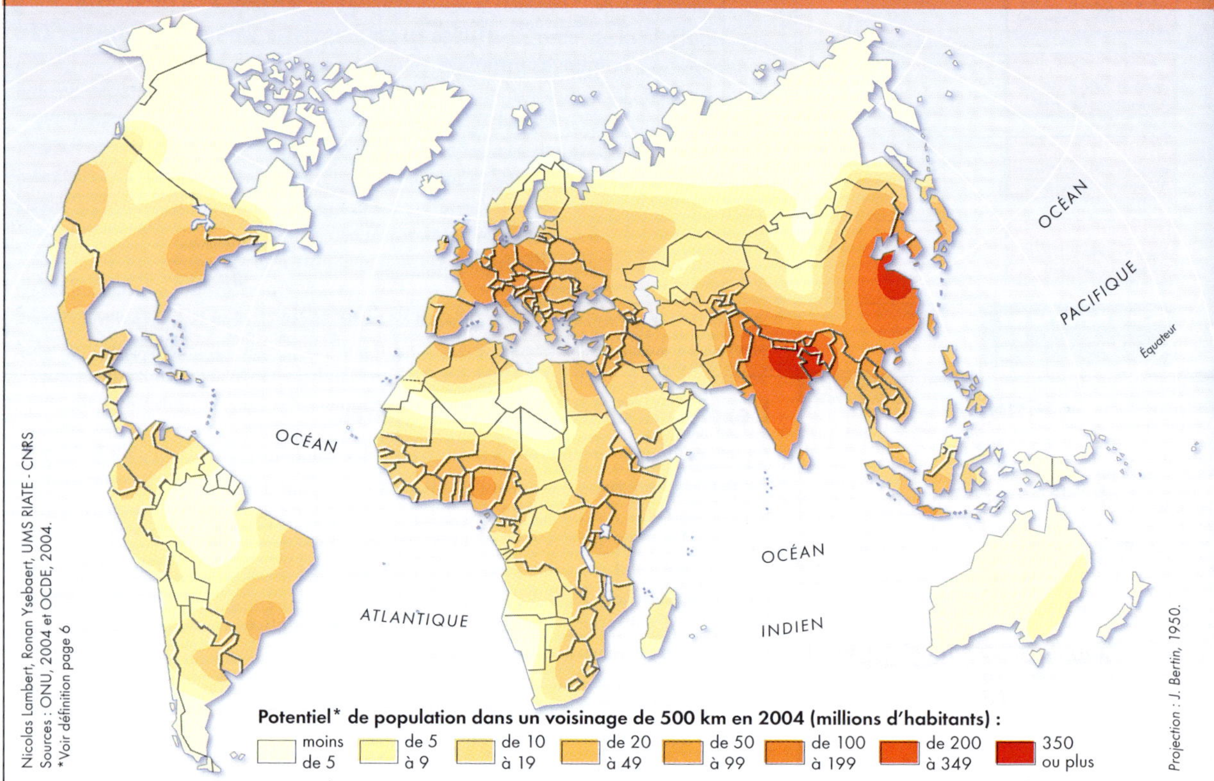

Les pays les plus riches ne sont pas les plus peuplés

Parmi les cinq États les plus peuplés du monde, qui comptent ensemble près de la moitié de la population mondiale, trois – la Chine, l'Inde et les États-Unis – font aussi partie des cinq États les plus riches, totalisant un peu plus de la moitié du revenu mondial. Mais les deux autres, l'Indonésie et le Brésil, n'en font pas partie, remplacés par deux pays moins peuplés mais plus riches : le Japon et l'Allemagne. Le classement n'est de toute façon pas le même, le pays le plus riche, les États-Unis, abritant 21 % de la richesse mondiale mais seulement 5 % de la population, alors que l'Inde, au contraire, renferme 6 % de la richesse et 17 % de la population.

Ces résultats seraient modifiés si l'on remplaçait les États par des ensembles continentaux ou des unions économiques telles que l'Union européenne, l'Association nord-américaine de libre-échange, etc. Ainsi, le revenu de l'Union européenne considérée comme un tout dépasse celui des États-Unis (en 2005, respectivement 13 018 et 12 677 milliards de dollars de revenu brut en parité de pouvoir d'achat).

Pour comparer les répartitions respectives de la population et de la richesse mondiale en s'affranchissant des limites habituelles des États, adoptons l'approche « sans frontières » déjà utilisée plus haut. La carte du nombre d'habitants dans un voisinage de 500 kilo-

TITIONS DIFFÉRENTES

LES FOYERS DE RICHESSE DANS LE MONDE (2004)

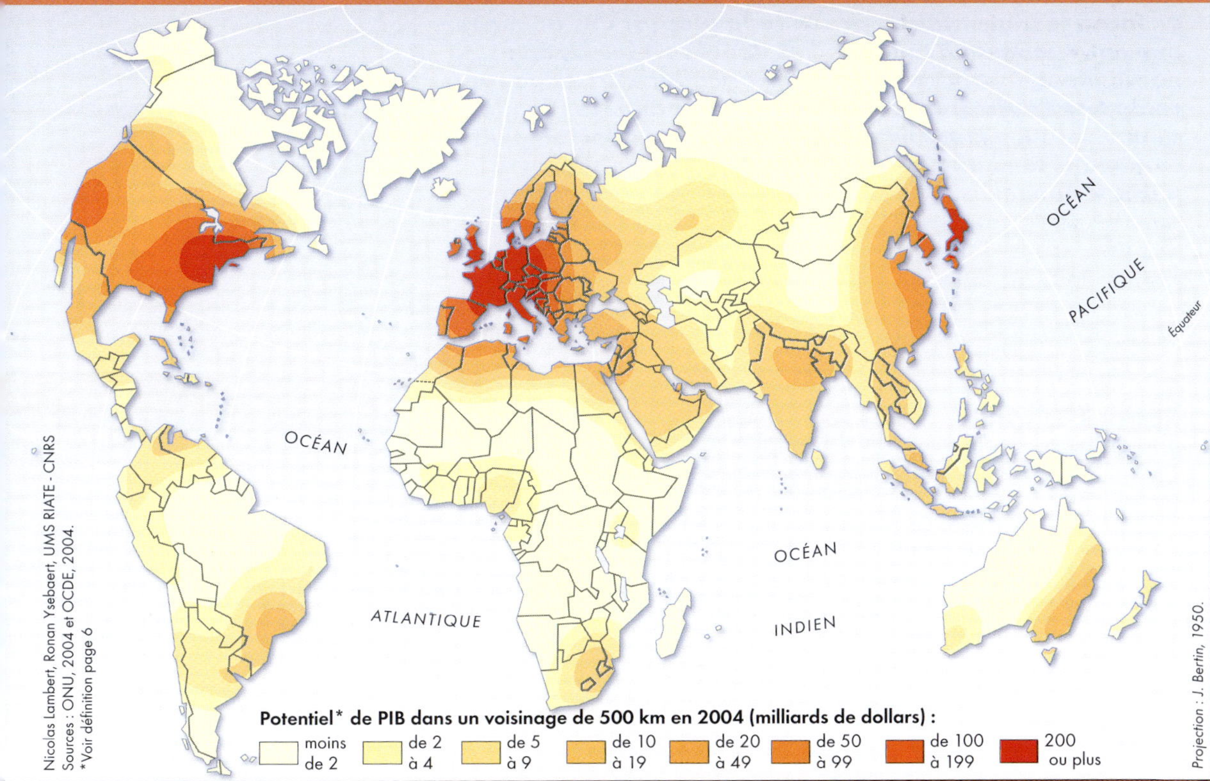

Nicolas Lambert, Ronan Ysebaert, UMS RIATE - CNRS
Sources : ONU, 2004 et OCDE, 2004.
*Voir définition page 6

Projection : J. Bertin, 1950.

SUR 100 PERSONNES DANS LE MONDE

20 (les plus pauvres) se partagent 1,5 % du revenu mondial
20 (les plus riches), les trois quarts
60 (aux revenus intermédiaires), le quart restant.

LES PAYS LES PLUS PEUPLÉS ET LES PLUS RICHES

LES PAYS LES PLUS PEUPLÉS EN 2005	Part de la population mondiale	Cumul	LES PAYS LES PLUS RICHES EN 2005	Part du revenu national brut* mondial	Cumul
Chine	**20 %**	**20 %**	États-Unis	**21 %**	**21 %**
Inde	**17 %**	**37 %**	Chine	**14 %**	**35 %**
États-Unis	**5 %**	**42 %**	Japon	**7 %**	**42 %**
Indonésie	**3 %**	**45 %**	Inde	**6 %**	**48 %**
Brésil	**3 %**	**48 %**	Allemagne	**4 %**	**52 %**

Source : Gilles Pison, « Tous les pays du monde 2007 », *Population et sociétés*, n° 436, 2007.

*en parité de pouvoir d'achat, en dollars.

mètres autour de tout point du globe fait apparaître, comme expliqué plus haut, les deux grands foyers de population jumeaux d'Asie du Sud et de l'Est, suivis par le foyer de concentration de l'aire euro-méditerranéenne, puis cinq ou six foyers de peuplement de moindre importance. La carte de répartition du produit intérieur brut (PIB) est plus simple, elle est dominée par trois grands foyers au Nord (États-Unis-Canada, Europe-Proche-Orient, Asie orientale) auxquels font écho au Sud trois petits foyers en région australe (Brésil-Argentine, Afrique australe, Australie-Nouvelle-Zélande), la zone tropicale abritant plusieurs autres petits foyers (Colombie-Venezuela-Antilles, Nigeria, Inde, Singapour-Indonésie-Malaisie).

En termes de concentration spatiale de la richesse sur une faible superficie, le foyer européen apparaît nettement plus puissant que le foyer est-asiatique et surtout le foyer nord-américain, qui pâtit de sa fragmentation en deux pôles centrés sur les côtes est et ouest, espacés l'un de l'autre de plusieurs milliers de kilomètres.

Au total, la richesse est plus concentrée en certains points de la Terre que la population et les grands pics de population et de richesse ne coïncident guère ou, du moins, représentent des proportions souvent très différentes de chaque grandeur considérée.

De nombreux pays ne sont pas autosuffisants en matière alimentaire ; pourtant la plupart des hommes ont suffisamment à manger. Les denrées – les céréales notamment – voyagent entre pays producteurs et pays consommateurs grâce au commerce mondial. Les famines, quand il y en a, sont liées aux guerres qui interrompent ce commerce et empêchent l'aide alimentaire d'arriver à destination.

Nourrir 9 milliards d'habitants

Il y a deux siècles Malthus prédisait la famine en Angleterre, sa population augmentant plus vite que sa production alimentaire. Et cette crainte est encore très répandue. Pourtant, l'Angleterre ne connaît plus de famines depuis longtemps alors qu'elle compte près de dix fois plus d'habitants que du temps de Malthus. Et à l'échelle de la planète, la famine généralisée n'a pas eu lieu non plus. Au contraire, alors que les hommes sont sept fois plus nombreux qu'il y a deux siècles, ils mangent bien mieux et la proportion de ceux qui meurent de faim n'a jamais été aussi faible. Les progrès de l'agriculture et du commerce et la mondialisation ont progressivement fait disparaître les famines.

Quant à l'avenir, si la planète arrive à nourrir les 7 milliards d'habitants d'aujourd'hui, elle devrait pouvoir nourrir les 9 milliards de demain, chacun mangeant encore mieux qu'aujourd'hui. Même si les rendements agricoles n'augmentaient pas, la production d'aujourd'hui pourrait suffire : une part importante des céréales servent en effet à nourrir les animaux d'élevage, occasionnant une perte alimentaire importante car seule une faible part des calories végétales consommées par un animal se retrouve dans la viande produite. Les hommes pourraient consommer moins de viande et consommer davantage de céréales et d'autres végétaux, ce qui réduirait le besoin total en céréales.

LES CONFLITS ARMÉS ET LES FAMINES

ÉTATS OU RÉGIONS AYANT CONNU UNE FAMINE DEPUIS 1990

ÉTATS OU RÉGIONS AYANT CONNU UN CONFLIT ARMÉ DEPUIS 1990

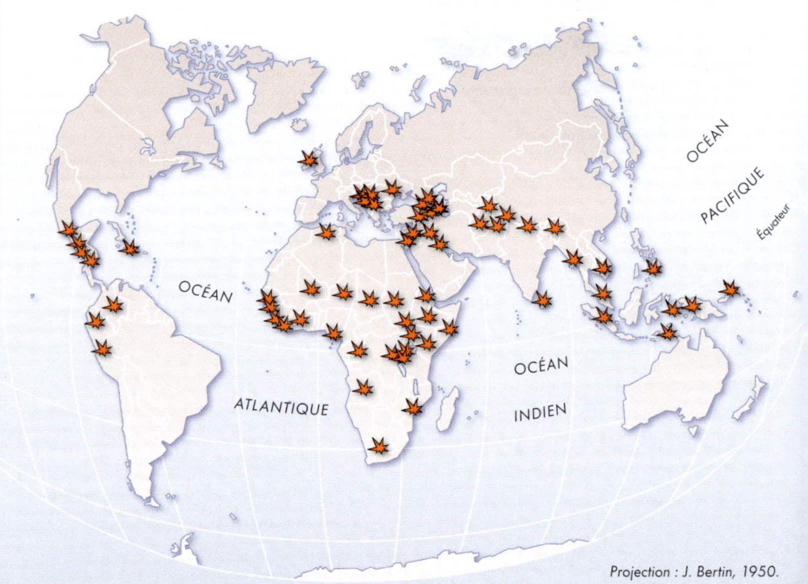

Projection : J. Bertin, 1950.

VRAIES RAISONS DES FAMINES

L'AIDE ALIMENTAIRE

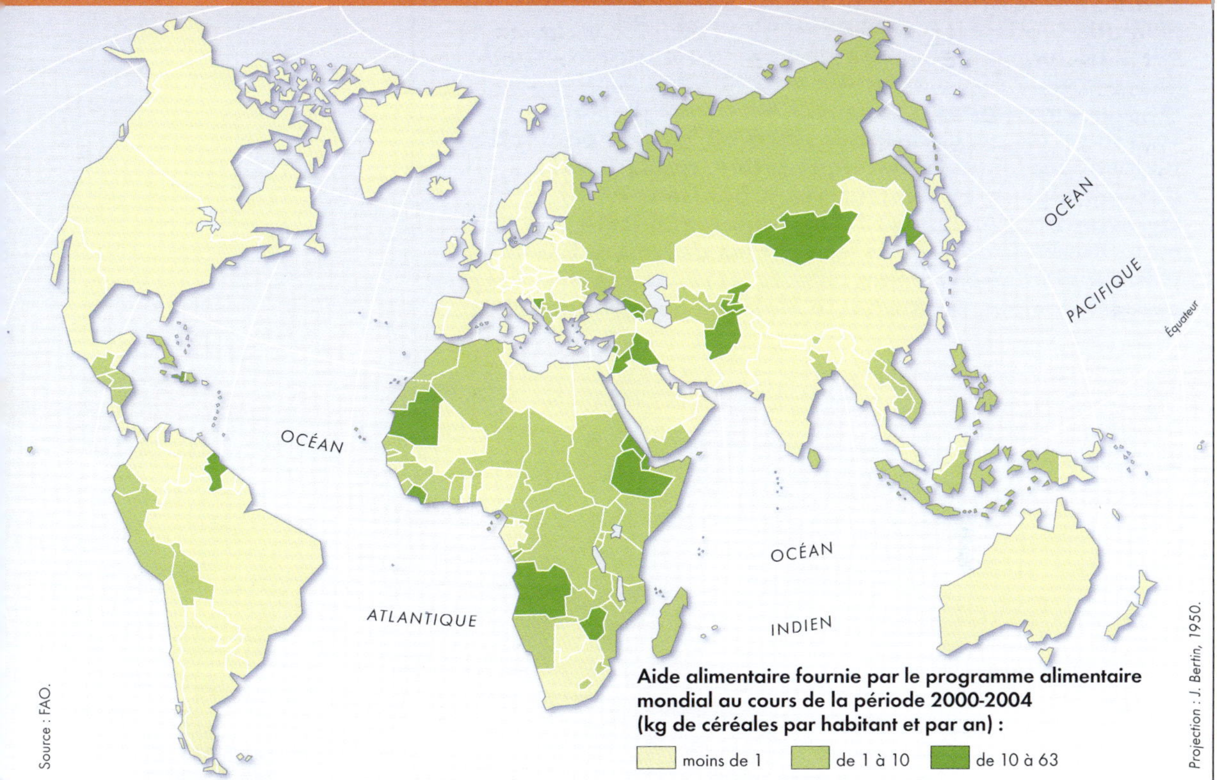

CHAQUE JOUR DANS LE MONDE

6 millions de tonnes de céréales sont produites 800 000 transportées d'un pays à l'autre.

Pourquoi y a-t-il des famines aujourd'hui ?

L'une des énigmes d'aujourd'hui est qu'il puisse encore exister des famines alors que le monde a largement de quoi nourrir toute l'humanité. Les famines des années 1990 et 2000 ont toutes eu lieu en Afrique à une exception, la famine en Corée du Nord dans les années 1995-1998. Ce dernier pays est tenu par une dictature marxiste-léniniste. L'économie est planifiée et le pouvoir très concentré entre les mains d'un seul homme. Celui-ci a longtemps maintenu le pays fermé, n'entretenant de relations qu'avec l'URSS et la Chine. Lorsque le pays a connu un grave déficit alimentaire dans les années 1990, il a tardé à faire appel à l'aide internationale, entraînant une famine qui aurait causé la mort de deux millions de personnes.

Les autres famines récentes se sont toutes produites en Afrique et sont toutes liées à des conflits. De nombreux pays africains ne sont pas totalement autosuffisants alimentairement mais leur population ne souffre pas pour autant de famine, le déficit étant comblé par le commerce mondial. Et lorsque de mauvaises récoltes surviennent, elles ne sont pas forcément suivies de famine, des systèmes d'alerte permettant de mettre en œuvre l'aide alimentaire internationale. Celle-ci est maintenant bien organisée à l'échelle mondiale, avec des moyens de stockage et de distribution mobilisables rapidement, et elle permet habituellement d'assurer temporairement la relève en attendant une amélioration de la situation. La Mauritanie a ainsi subi une grave crise alimentaire dans les années 2002-2005 liée à plusieurs années de mauvaises récoltes, mais grâce à l'aide d'urgence le pays n'a pas connu de famine. Le Niger a également été très touché en 2005-2006 par de mauvaises récoltes dues à la sécheresse et aux criquets, sans non plus connaître de famine pour autant. Les famines se produisent de nos jours lorsque l'aide alimentaire est empêchée ou détournée par des gouvernements ou des mouvements prenant part à des conflits et qui l'utilisent pour contrôler la population.

L'URBANISATION : PLUS DE LA MOITIÉ DE

Depuis 2008, plus d'un homme sur deux vit en ville alors qu'en 1900 il n'y en avait qu'un sur dix et, en 1950, trois sur dix. Au rythme d'urbanisation actuel, ils pourraient être six sur dix en 2030. Les continents les plus développés, l'Europe, l'Amérique du Nord, sont aussi les plus urbanisés (70 à 80 % de la population y vit en ville), mais l'Amérique latine, quoique moins développée, est également très urbanisée (77 %). En revanche, l'Afrique et l'Asie comptent encore une majorité de ruraux. Mais les urbains devraient bientôt y être majoritaires comme ailleurs, et ces continents, les plus peuplés demain, abriteront la majorité des grandes cités.

L'URBANISATION DANS LE MONDE (2005)

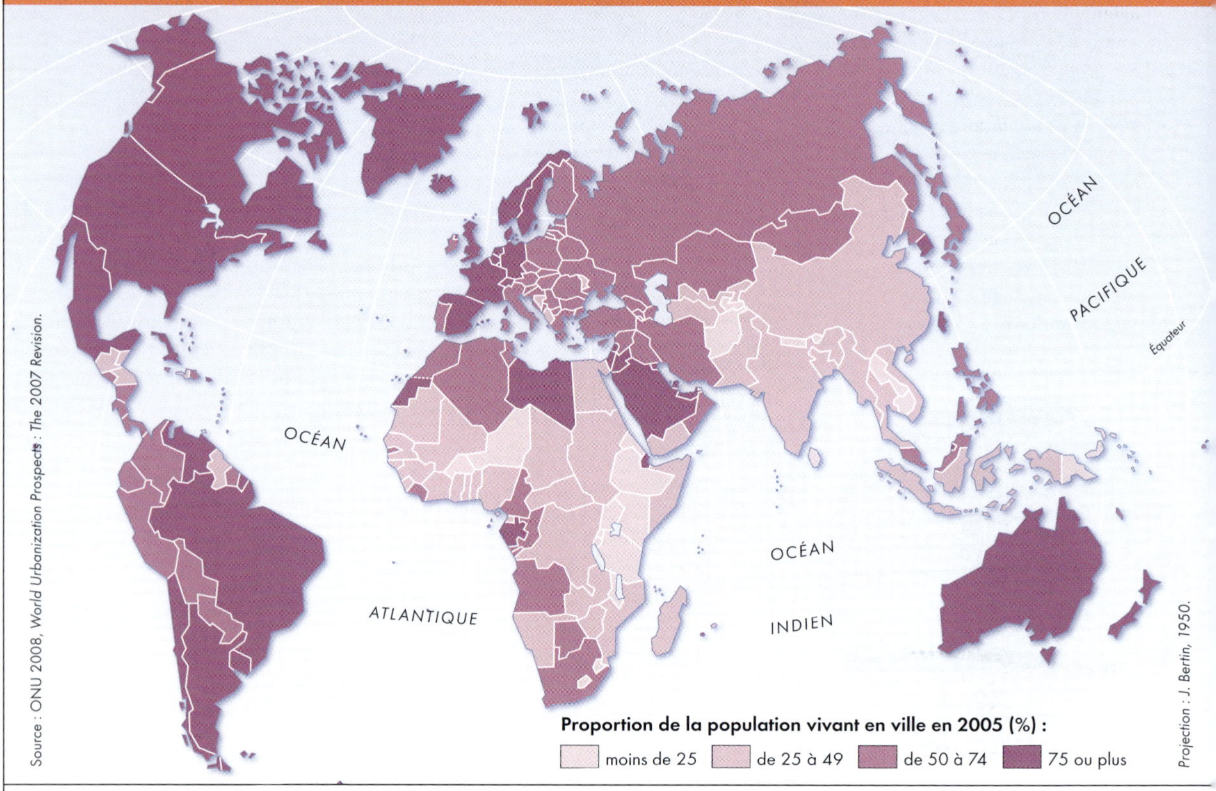

Source : ONU 2008, *World Urbanization Prospects : The 2007 Revision.*

Projection : J. Bertin, 1950.

Pourquoi les villes s'accroissent-elles ?

Si la population des villes augmente plus rapidement que celle des campagnes, c'est qu'elles bénéficient d'un accroissement naturel (excédent des naissances sur les décès), auquel se rajoute un accroissement migratoire dû à l'exode rural. Les villes attirent en effet les ruraux même si elles souffrent de différents maux, notamment les grandes villes du Sud. Les habitants des campagnes qui viennent grossir leur population ont souvent des difficultés à s'insérer, notamment à trouver du travail ou un logement. Les bidonvilles se multiplient, rassemblant actuellement le tiers de l'ensemble des citadins de la planète. La pollution atteint des records.

Si les ruraux continuent cependant à affluer en ville, c'est que les conditions de vie y sont malgré tout meilleures qu'à la campagne. Les villes concentrent les emplois et les équipements collectifs, notamment les hôpitaux et les centres de santé. Même dans les bidonvilles des grandes villes, où la vie semble difficile, la mortalité infantile est cependant inférieure à celle des campagnes environnantes, et l'espérance de vie plus élevée. Il est peu probable que cet avantage urbain disparaisse et l'urbanisation du monde devrait se poursuivre, les citadins vivant dans des villes de plus en plus nombreuses et de plus en plus grandes.

LA POPULATION MONDIALE VIT EN VILLE

New Delhi

La population de Delhi en Inde est passée d'un peu plus de 200 000 habitants en 1901 à près de 13 millions en 2001, soit soixante fois plus. L'amplitude du changement est telle qu'il est préférable de représenter la croissance de la ville de façon semi-logarithmique. Un doublement se traduit par une même progression sur l'échelle verticale, que la population passe de 100 000 à 200 000 habitants, de 1 million à 2 millions, ou de 10 millions à 20 millions. La pente de la courbe indique le rythme d'accroissement, et un changement de pente traduit une modification du rythme. La ville de Delhi a bénéficié du statut de capitale, acquis au détriment de Calcutta, à partir de 1911, et a vu depuis sa population augmenter assez régulièrement de 50 % tous les dix ans à l'exception des années 1940 où elle a augmenté encore plus rapidement (elle a doublé) en raison d'un afflux particulier de population lors de la partition entre l'Inde et le Pakistan en 1947.

CROISSANCE DE NEW DELHI

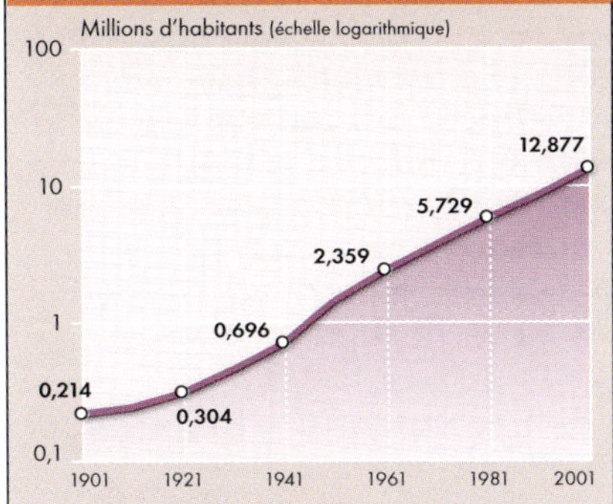

Source : J. Véron, *L'Urbanisation du monde*, La Découverte, Paris, 2006.

Qu'est-ce qu'une ville ?

Les critères pour décider qu'un territoire constitue une ville (ou une agglomération urbaine) varient selon les pays, ainsi que la façon de tracer les limites de la ville. La population de la commune est parfois le seul critère, la limite entre une ville et un village étant souvent de 2 000 ou de 5 000 habitants, mais pouvant aller jusqu'à 10 000 habitants. Certains pays rajoutent un critère de continuité de l'habitat, par exemple, en France, moins de 200 mètres de séparation entre deux habitations successives. La définition peut aussi être purement administrative ou relever encore d'autres critères. La deuxième ville du Sénégal, Touba, plus d'un demi-million d'habitants en 2005, qui est la capitale religieuse de la confrérie musulmane la plus importante du pays (les mourides), est pourtant toujours classée comme entité rurale. Cela lui permet de pouvoir continuer à être dirigée par son chef religieux selon un système d'administration propre échappant en partie au contrôle de l'État.

Le flou pouvant entourer la définition de ce qu'est une ville ou une agglomération urbaine ne remet cependant pas en cause les chiffres concernant les grandes tendances mondiales, une partie importante de la population urbaine vivant dans de grandes villes que tout le monde s'accorde à considérer comme urbaines.

SUR 100 PERSONNES DANS LE MONDE

49 vivaient en ville
51 à la campagne
en 2005.

L'URBANISATION PAR CONTINENT

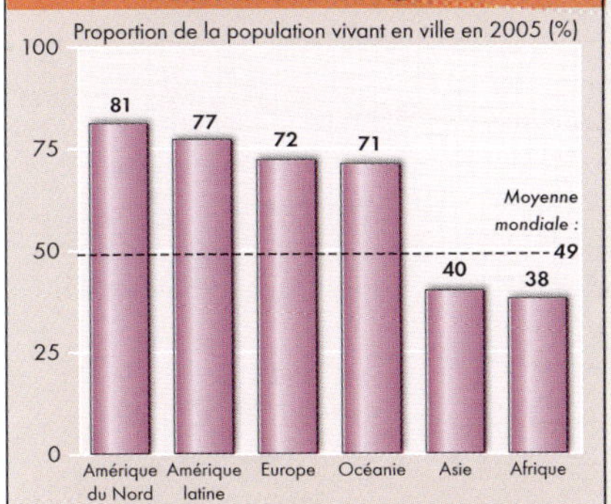

Source : ONU 2008, *World Urbanization Prospects : The 2007 Revision.*

UNE INVERSION HISTORIQUE

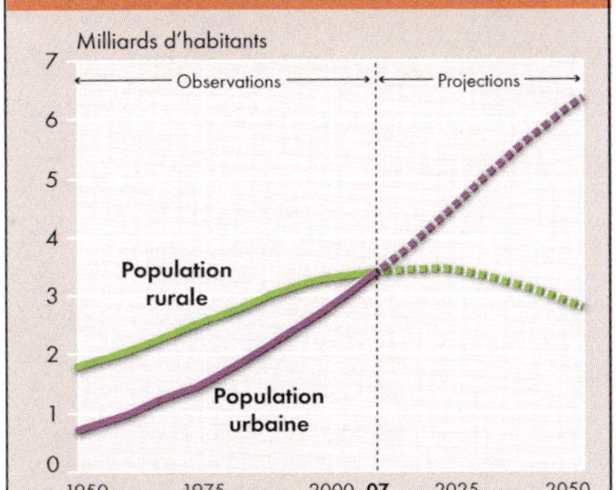

Source : ONU 2008, *World Urbanization Prospects : The 2007 Revision.*

LES VILLES : DE PLUS EN PLUS NOMBREU

Jusqu'au XVIIIᵉ siècle, aucune ville n'avait atteint le million d'habitants si ce n'est la Rome antique qui, à son apogée, en comptait 1,3 million. En 1900, 17 villes ont plus d'1 million d'habitants, mais une seule dépasse les 5 millions, Londres, qui en abrite 6,5 millions. En 1950, les villes de plus de 5 millions d'habitants sont au nombre de 8, dont 2 dépassent les 10 millions : New York et Tokyo. En 2005, les villes de plus de 5 millions d'habitants sont au nombre de 50 et 18 d'entre elles dépassent les 10 millions.

La montée des villes du Sud

Les grandes métropoles ont longtemps appartenu au monde occidental et aux pays de vieille tradition asiatique (Chine, Inde, Japon). Les 17 villes de plus d'1 million d'habitants en 1900 sont toutes situées en Europe (Londres, Paris, Berlin, Saint-Pétersbourg, Moscou) ou dans son prolongement nord-américain (New York, Chicago, Philadelphie), avec quelques exceptions isolées en Asie, dans les régions à forte densité et de civilisation millénaire (Tokyo, Pékin, Calcutta). En 1950, la situation est en train de changer. Parmi les 8 villes de plus de 5 millions d'habitants, la moitié appartient certes encore au monde européen, mais Tokyo passe de la 9ᵉ à la 2ᵉ place, alors que Berlin disparaît de la liste des 10 premières villes en reculant du 4ᵉ au 13ᵉ rang.

En 2005, le paysage est presque entièrement renouvelé, la seule ville du monde européen figurant encore parmi les 10 premières étant New York. De nouvelles venues dans la course au record font leur apparition dans le groupe des villes dépassant les 10 millions d'habitants : en Asie, Bombay (18,2 millions), Delhi (15,1) et Dhaka (12,6), en Amérique latine, Mexico (18,7), São Paulo (18,3) et Buenos Aires (12,6). Il est difficile de prévoir la croissance des villes à long terme. En 2025, la planète pourrait compter plus de 80 villes de plus de 5 millions d'habitants, 27 dépassant les 10 millions et 8 les 20 millions. Les plus grandes mégapoles seront situées en Asie, en Amérique latine et en Afrique. La ville européenne la plus peuplée, Paris (10 millions d'habitants), ne figurerait qu'à la 27ᵉ place, juste derrière les villes provinciales asiatiques de Lahore au Pakistan, Shenzhen en Chine et Madras en Inde.

LE NOMBRE DE GRANDES AGGLOMÉRATIONS

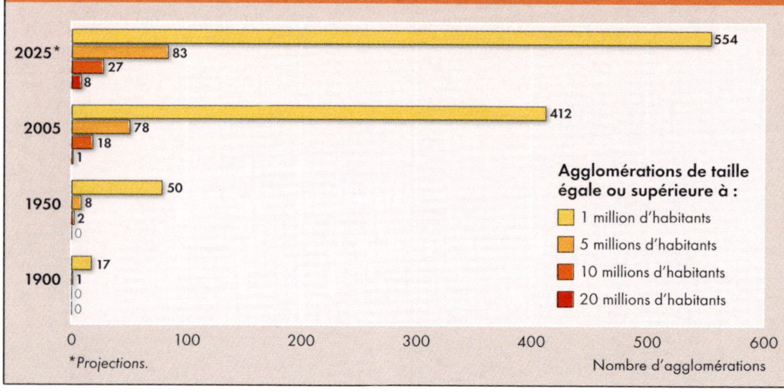

*Projections.

Source : ONU 2008, World Urbanization Prospects : The 2007 Revision.

Projection : J. Bertin, 1950.

SES ET PEUPLÉES

SUR 100 PERSONNES VIVANT EN VILLE DANS LE MONDE

52 vivent dans des villes de moins de 500 000 habitants 30 dans des villes de 500 000 à 5 millions d'habitants 15 dans des villes de plus de 5 millions d'habitants.

L'EXPLOSION URBAINE

Les dix villes les plus peuplées au monde, population en millions d'habitants :

en 1950		en 2005		en 2025 (prévisions)	
New York	12,3	Tokyo	35,3	Tokyo	36,4
Tokyo	11,3	Mexico	18,7	Bombay	26,4
Londres	8,4	New York	18,7	New Delhi	22,5
Paris	6,5	São Paulo	18,3	Dhaka	22,0
Shanghai	6,1	Bombay	18,2	São Paulo	21,4
Moscou	5,4	New Delhi	15,1	Mexico	21,0
Buenos Aires	5,1	Shanghai	14,5	New York	20,6
Chicago	5,0	Calcutta	14,3	Calcutta	20,6
Calcutta	4,5	Dhaka	12,6	Shanghai	19,4
Pékin	4,3	Buenos Aires	12,6	Karachi	19,1

Source : ONU 2008, *World Urbanization Prospects : The 2007 Revision.*

LES VILLES DE PLUS DE 1 MILLION D'HABITANTS (2005)

Agglomérations ou villes :

- de 1 à 5 millions d'habitants
- de 5 à 10 millions d'habitants
- de 10 à 20 millions d'habitants
- plus de 20 millions d'habitants

Source : ONU 2008, *World Urbanization Prospects : The 2007 Revision.*

La mesure du degré de développement d'un pays nécessite de prendre en compte non seulement son activité économique, mesurée par exemple par le PIB, mais aussi le degré de bien-être de ses habitants, reflété par exemple par l'espérance de vie à la naissance, et aussi leur impact sur l'environnement, mesuré par exemple par le niveau des rejets de gaz à effet de serre. En mettant en vis-à-vis l'indicateur de développement humain et l'empreinte écologique, les pays les plus avancés en matière de développement durable ne sont pas toujours les plus développés au sens classique.

L'empreinte écologique

L'empreinte écologique est un indicateur de la demande de l'humanité vis-à-vis de la nature. Elle se mesure en surfaces de terre et de mer nécessaires pour fournir les ressources que nous utilisons et absorber les déchets que nous produisons. Elle serait de 2,2 hectares par personne en moyenne en 2003, soit plus que ce que la nature pourrait offrir, c'est-à-dire la biocapacité (1,8 hectare par personne). Nous surconsommerions donc les ressources naturelles.

DES NIVEAUX VARIABLES DANS LE MONDE. Mais l'empreinte varie beaucoup d'une région du monde à l'autre. Les habitants d'Amérique du Nord ont l'empreinte la plus élevée et, à eux tous, même s'ils sont peu nombreux et que les espaces qu'ils occupent sont immenses, ils dépassent largement la capacité qu'offre le continent nord-américain. Les Européens, quoique ayant une empreinte moins élevée par personne, dépassent largement aussi la capacité de la nature en Europe. Et les habitants d'Asie également, en raison de leur nombre, même si leur empreinte par personne est la plus faible du monde avec celle des Africains. Ce n'est qu'en Amérique latine que la nature aurait encore une marge de réserve non utilisée.

SUR 100 PERSONNES DANS LE MONDE

6, qui produisent le plus de CO_2, émettent le quart du total produit par les 100
12 émettent le 2e quart
27, le 3e quart
55, le 4e quart.
CHIFFRES 2004.

INDICE DE DÉVELOPPEMENT HUMAIN ET EMPREINTE ÉCOLOGIQUE (EN 2003)

Chaque pays est représenté par un cercle de taille proportionnelle à sa population. Sa position est déterminée verticalement par son niveau d'empreinte écologique et horizontalement par son indice de développement humain. Quand un pays est situé dans le rectangle en bas à droite, il remplit les deux critères et est en situation de développement durable. Presque aucun pays n'est dans ce cas en 2003.

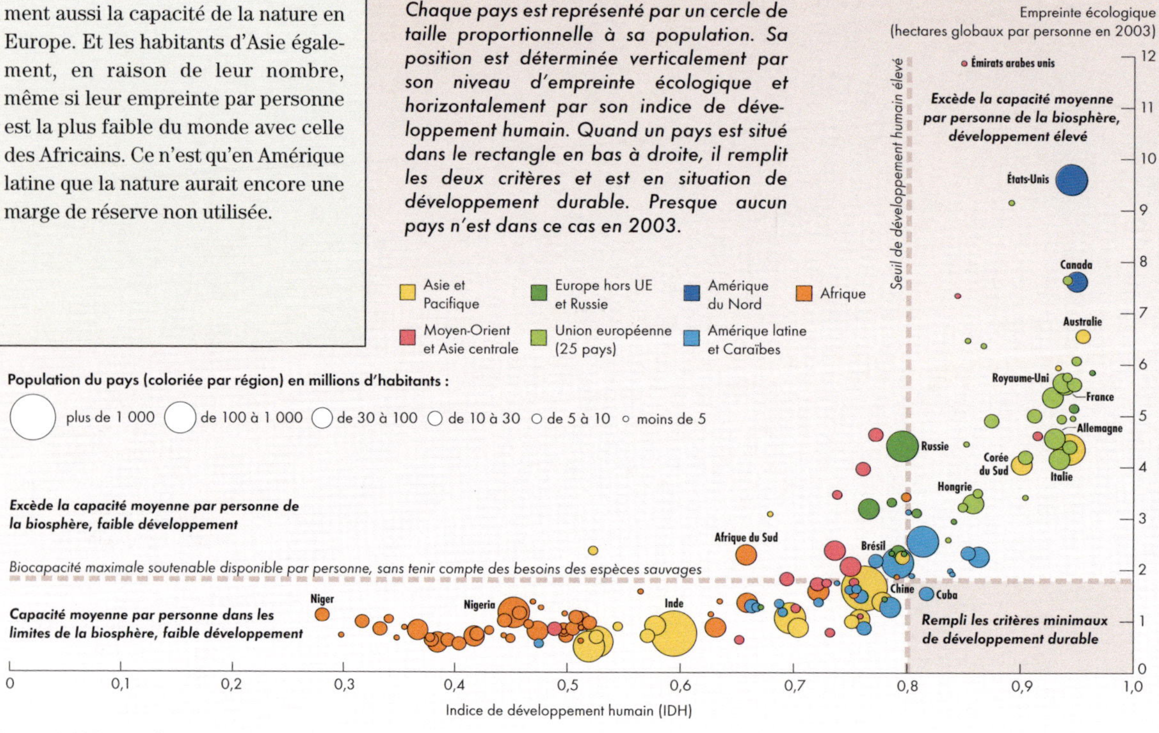

Source : WWF, *Rapport planète vivante 2006*.

LE : LES BONS ET LES MAUVAIS ÉLÈVES

L'indice de développement humain (IDH)

L'indice de développement humain (IDH) est calculé par les Nations unies pour mesurer le bien-être dans un pays. Il prend en compte le produit intérieur brut (PIB), indicateur mesurant le niveau de production du pays, mais aussi l'espérance de vie, le taux d'alphabétisation et le niveau d'instruction moyen.

Si on met en regard l'empreinte écologique et l'indicateur de développement humain, les pays à empreinte écologique la plus faible par personne sont aussi ceux à l'IDH le plus bas et, à l'inverse, ceux à l'empreinte la plus élevée ont un IDH important. Mais à l'intérieur du groupe de pays à IDH élevé, l'empreinte varie beaucoup, signe qu'on peut vivre bien dans un pays sans pour autant avoir un impact très élevé sur la nature. Même les pays de ce groupe avec l'empreinte la plus faible dépassent cependant le seuil correspondant à la capacité moyenne de la planète, et doivent donc faire des efforts pour améliorer encore leurs conditions de vie tout en réduisant leur empreinte. Du côté des pays du Sud, le défi semble encore plus difficile à relever car ils doivent beaucoup progresser sur l'échelle de développement humain sans trop augmenter pour autant leur impact sur la nature et l'environnement.

LES ÉMISSIONS DE CO_2

ÉMISSIONS DE CO_2 EN 2002

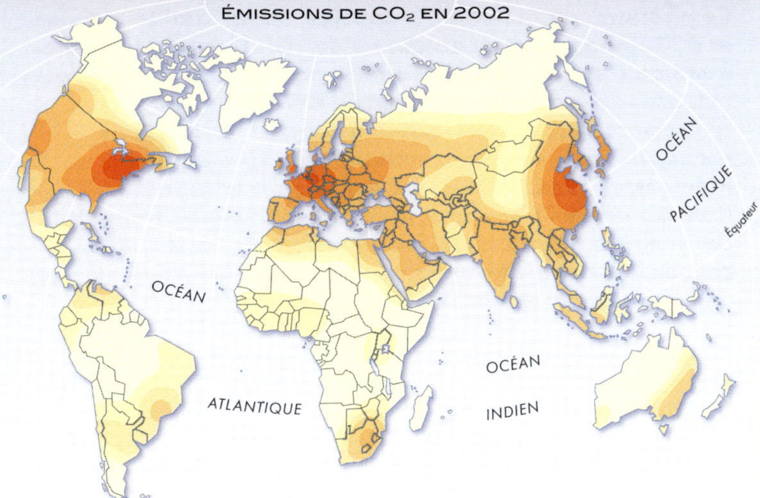

Potentiel* de CO_2 émis dans un voisinage de 500 km (millions de tonnes) : moins de 20 ; de 20 à 49 ; de 50 à 99 ; de 100 à 199 ; de 200 à 499 ; de 500 à 999 ; de 1 000 à 1 499 ; 1 500 ou plus

ÉMISSIONS DE CO_2 PAR HABITANT EN 2002

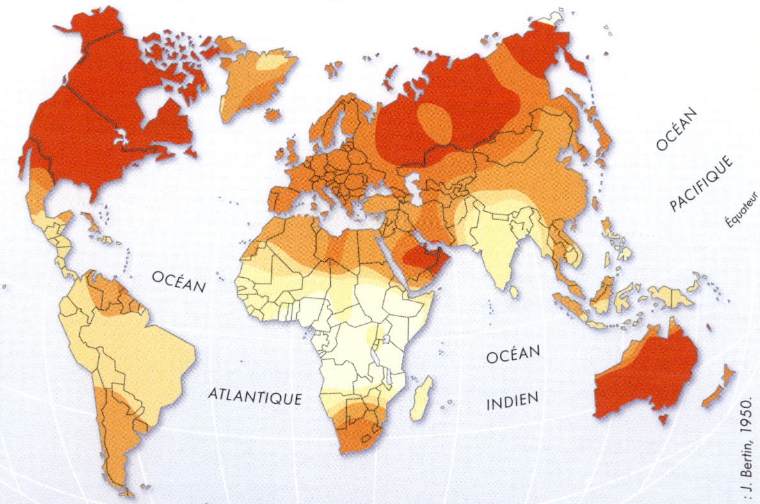

Potentiel* de CO_2 émis par habitant dans un voisinage de 500 km (kg) : moins de 50 ; de 50 à 99 ; de 100 à 199 ; de 200 à 499 ; de 500 à 999 ; 1 000 ou plus

Nicolas Lambert, Ronan Ysebaert, UMS RIATE - CNRS. Source : Agence internationale de l'énergie, 2002. *Voir définition page 6

Projection : J. Bertin, 1950.

EMPREINTE ÉCOLOGIQUE ET BIOCAPACITÉ EN 2003

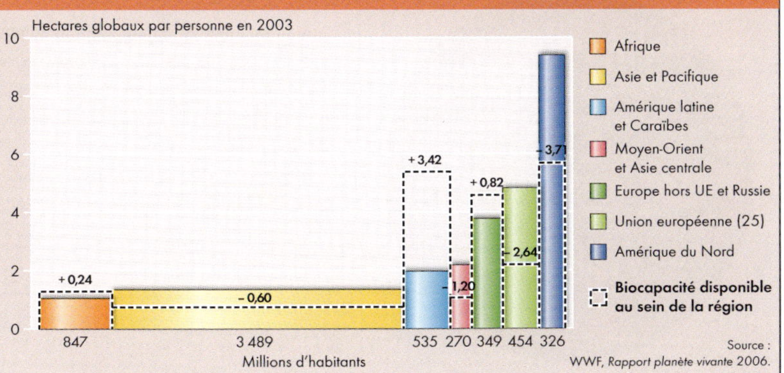

Source : WWF, *Rapport planète vivante* 2006.

Chaque région du monde est représentée par un rectangle dont la largeur est proportionnelle à sa population et la hauteur à son empreinte écologique par habitant. Sa surface reflète l'empreinte écologique totale de ses habitants. Le rectangle aux contours tiretés indique la biocapacité de la région – les ressources que sa nature peut offrir ainsi que ses capacités d'absorption de déchets.

LE VIEILLISSEMENT : UN PHÉNOMÈNE MO

Le vieillissement démographique touche toute la planète. Ce phénomène est lié à l'adoption de la famille réduite et à l'allongement de la durée de vie. Il est inéluctable, à moins d'un retour à la famille nombreuse d'autrefois, inconcevable à long terme car il entraînerait une croissance démographique illimitée. Il touche tous les continents. Le vieillissement démographique n'en est qu'à ses débuts à l'échelle de la planète. Il sera l'un des phénomènes sociaux les plus importants de ce siècle. Conduisant à des adaptations sociales, celles-ci devront être plus rapides dans les pays du Sud que dans les pays du Nord.

Un phénomène global mais plus ou moins avancé selon les pays

La pyramide des âges mondiale devrait avoir, en 2050, la même base qu'aujourd'hui mais des effectifs d'adultes et de personnes âgées beaucoup plus importants. Le nombre de personnes de 65 ans ou plus devrait tripler notamment.

Le vieillissement démographique est plus ou moins avancé selon les continents ou les pays en relation avec leur ancienneté dans la transition démographique. En Europe et aux États-Unis, qui ont été les premières régions du monde à s'engager dans la transition démographique, le vieillissement est déjà bien avancé comme l'illustre la forme de leur pyramide des âges et il devrait se poursuivre dans les prochaines décennies. En Chine, le vieillissement démographique a déjà commencé et la pyramide est rétrécie à la base. Mais le haut de la pyramide ne compte encore que peu de personnes âgées. En Inde, la pyramide n'est pas rétrécie à la base, même si les effectifs des jeunes générations commencent à se stabiliser. Le Nigeria a lui une pyramide des âges toujours en forme de « pyramide », avec des générations de plus en plus nombreuses au fur et à mesure qu'on descend dans l'échelle des âges ; le vieillissement démographique y est encore à venir, mais même ce pays va aussi connaître le phénomène prochainement, comme tous les autres en Afrique subsaharienne.

PYRAMIDE DES ÂGES DU MONDE

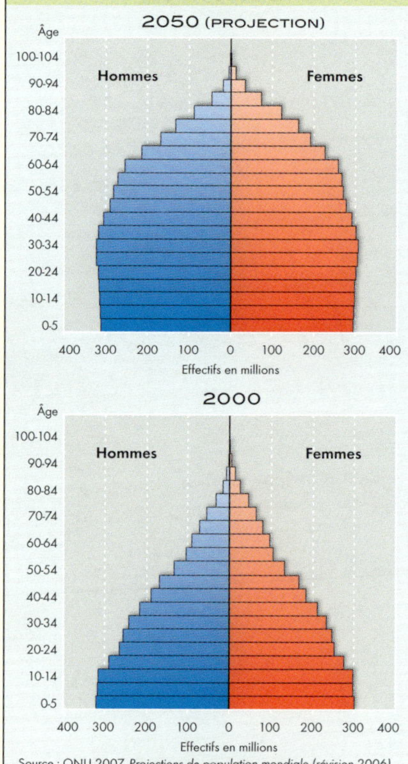

Source : ONU 2007, *Projections de population mondiale (révision 2006).*

SUR 100 PERSONNES DE PLUS DE 65 ANS DANS LE MONDE

52 vivent en Asie
24 en Europe
9 en Amérique du Nord
7 en Amérique latine
7 en Afrique
1 en Océanie.

Le vieillissement démographique : définition et causes

On parle de vieillissement des populations, ou vieillissement démographique, lorsque la proportion de personnes âgées augmente, et qu'en contrepartie, celle de jeunes diminue dans une population. Ce phénomène, qui concerne un groupe, est à distinguer du « vieillissement » tout court, propre à un individu, et qui se manifeste au fur et à mesure qu'il avance en âge. Le vieillissement démographique est lié à la diminution de la fécondité et à l'allongement de la durée de vie.

Le régime d'autrefois. Dans le régime démographique qui prévalait autrefois, la fécondité était élevée – autour de 6 enfants en moyenne par femme – et la mortalité aussi. Il naissait beaucoup d'enfants, mais la majorité d'entre eux mourait avant d'atteindre l'âge adulte – 6 sur 10 n'atteignaient pas 20 ans dans la France du milieu du XVIIIe siècle.

Le nouveau régime. Dans le nouveau régime démographique tel qu'annoncé par le modèle de la transition démographique, la fécondité est basse – deux enfants par femme – et la mortalité aussi – seulement 1 nouveau-né sur 100 meurt avant d'atteindre l'âge de 20 ans dans la France du début du XXIe siècle.

PYRAMIDE DES ÂGES DE CINQ GRANDS PAYS OU RÉGIONS

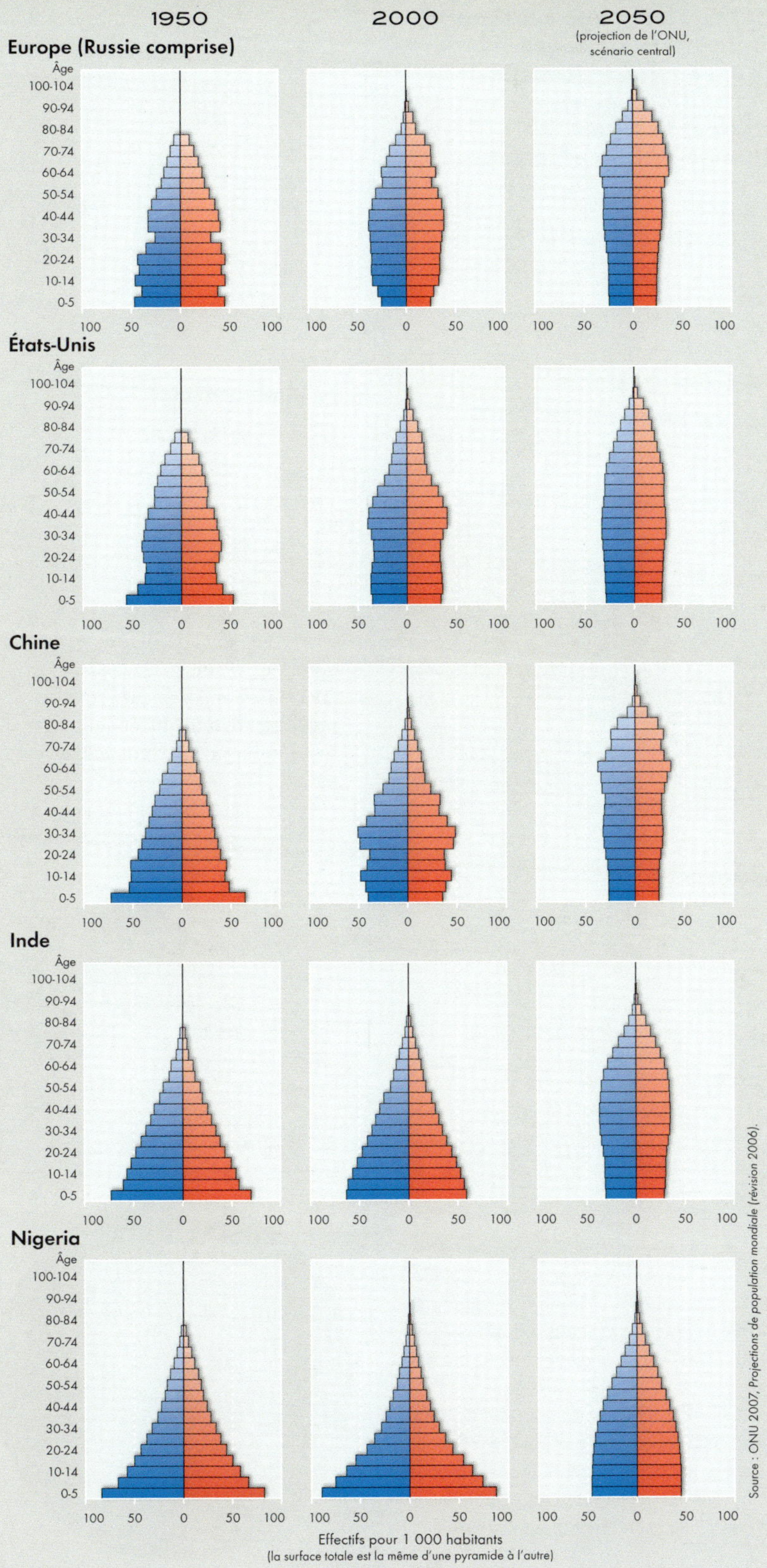

De la pyramide à la toupie

Dans les deux régimes démographiques, les naissances et les décès sont à peu près équilibrés et la population n'augmente pas ou alors lentement.

Les deux régimes se distinguent cependant par une répartition par âge très différente.

Le régime ancien s'accompagnait d'une population très jeune, avec près de 44 % de la population ayant moins de 20 ans et 6 % seulement ayant 60 ans ou plus. Le nouveau régime démographique, à supposer qu'il perdure suffisamment longtemps, conduit à terme à une répartition par âge moins jeune, avec 25 % de moins de 20 ans et 25 % de 60 ans ou plus. Le vieillissement démographique peut cependant encore se poursuivre si la durée de vie continue à s'allonger. La pyramide garde alors la même base tout en gagnant en hauteur par l'ajout d'« étages supplémentaires ». Le vieillissement peut aussi s'accentuer si la fécondité, au lieu de se stabiliser à deux enfants en moyenne par femme, niveau qui assure le remplacement des générations à terme, diminue en dessous de ce seuil. Les naissances sont alors d'année en année de moins en moins nombreuses, et la population est plus vieille.

À noter que l'appellation de « pyramide des âges », qui s'explique par l'allure qu'ont longtemps eu ces graphiques, ne se justifie plus aujourd'hui. Son usage risque pourtant de se prolonger pour désigner des formes qu'il serait plus juste d'appeler « cylindre des âges », ou même « toupie » lorsque la base de la pyramide est rétrécie.

L'ÂGE MÉDIAN DE LA POPULATION : ENTRE

L'âge médian est celui qui divise la population en deux parties numériquement égales, l'une plus jeune, et l'autre plus âgée. C'est un indicateur du degré de vieillissement démographique. En 2005, il varie de 15 ans dans les pays démographiquement les plus jeunes comme l'Ouganda et le Niger, à 43 ans pour les plus vieux comme l'Italie et le Japon.

L'ÂGE MÉDIAN DANS LE MONDE EN 2005

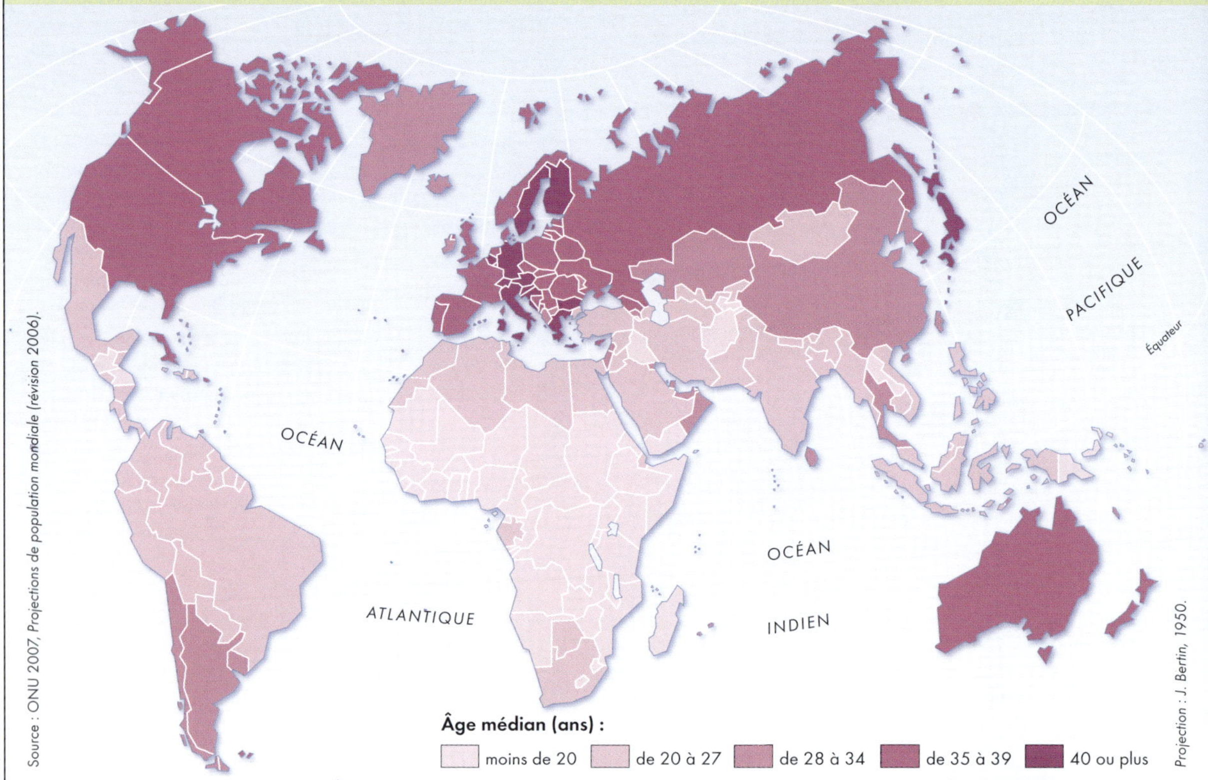

Source : ONU 2007, Projections de population mondiale (révision 2006).

Projection : J. Bertin, 1950.

Âge médian et âge moyen

L'âge médian de la population mondiale est de 28 ans (en 2005), ce qui veut dire que, pour une personne de cet âge, la moitié de l'humanité est plus jeune qu'elle, et l'autre moitié plus âgée. Elle-même n'est ni « jeune » ni « vieille », si on admet que la jeunesse et la vieillesse sont des notions relatives : à 28 ans, en Afrique, on est déjà « vieux », on fait partie du tiers le plus âgé, et, en Europe, on est encore « jeune », faisant partie du tiers le moins âgé !

L'âge moyen des hommes est de 30 ans et demi en 2005, il est donc supérieur de deux ans et demi à l'âge médian. La différence vient de la répartition par âge qui n'est pas symétrique de part et d'autre de 28 ans. En dessous de l'âge médian, les effectifs partent de 0 an et s'étalent sur 28 années ; au-dessus, ils s'étalent sur un nombre deux à trois fois plus grand d'années, ce qui contribue à augmenter la moyenne.

SUR 100 PERSONNES DANS LE MONDE

- 50 ont moins de 28 ans
- 50 ont 28 ans ou plus.

15 ET 43 ANS SELON LES PAYS

DE LA POPULATION LA PLUS ÂGÉE À LA PLUS JEUNE EN 2005

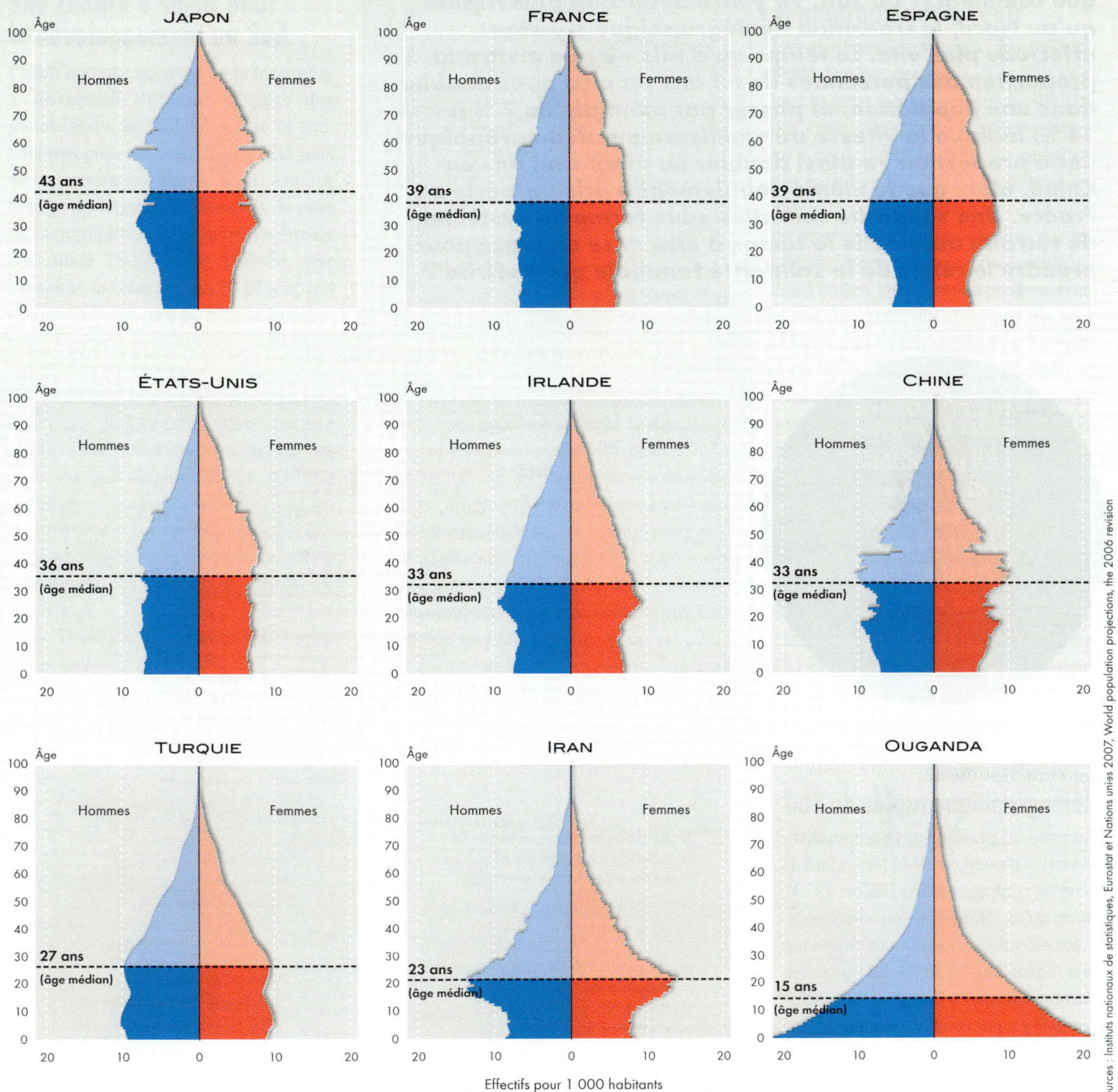

Effectifs pour 1 000 habitants
(la surface totale est la même d'une pyramide à l'autre)

Sources : Instituts nationaux de statistiques, Eurostat et Nations unies 2007, World population projections, the 2006 revision

L'ÂGE MÉDIAN EN 2005 SELON LES CONTINENTS

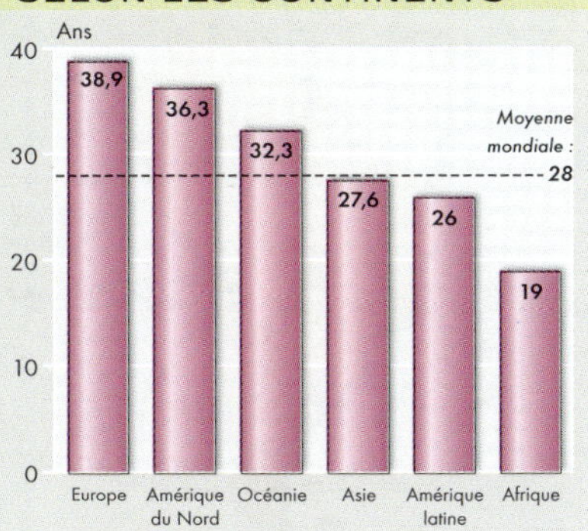

Source : ONU 2007, *Projections de population mondiale (révision 2006)*.

Les pays qui vieillissent et ceux qui rajeunissent

Si on compare les continents, l'âge médian est le plus élevé en Europe (proche de 39 ans en 2005), et le plus faible en Afrique (19 ans). Les populations du Japon et de l'Italie sont parmi les plus âgées du monde avec respectivement 43 et 42 ans d'âge médian. Celle de l'Espagne est également âgée avec une pyramide des âges rétrécie à la base, comme au Japon et en Italie, mais les effectifs sont moins importants dans le haut de la pyramide, ce qui explique que l'âge médian y soit moindre (39 ans). Le vieillissement devrait cependant s'y poursuivre rapidement dans les prochaines années.

L'Ouganda (15 ans d'âge médian) est l'exemple inverse d'un pays dont la population, déjà démographiquement très jeune, a encore rajeuni récemment. La fécondité reste élevée et la mortalité des enfants est moins forte qu'autrefois, ce qui a encore augmenté leur part dans la population.

TOUS DES IMMIGRÉS

Les hommes ont toujours migré. C'est ainsi qu'ils ont peuplé la planète. Les hommes actuels, tous membres de la même espèce, descendent tous d'un seul peuple vivant il y a 100 000 à 200 000 ans dans une région d'Afrique de l'Est ou du Proche-Orient. L'Afrique, l'Europe et l'Asie ont été peuplées progressivement par des immigrants originaires de cette région. Il y a 60 000 ans, des immigrants venus d'Asie par voie de mer ont colonisé l'Australie. 40 000 ans plus tard, d'autres immigrants ont rejoint l'Amérique par voie de terre à travers le détroit de Béring à l'époque émergé.

Les migrations au cœur de l'histoire de l'humanité

UNE ESPÈCE APPARUE IL Y A 100 000 À 200 000 ANS. Tous les hommes actuels appartiennent au même groupe humain *Homo sapiens*. Ce groupe fait partie du genre *Homo* apparu sur Terre il y a deux ou trois millions d'années. D'autres genres d'hominidés apparentés ont aussi existé, mais ils se sont éteints. Les groupes humains proches des hommes actuels, appartenant comme lui au genre *Homo* (*Homo erectus*, *Homo ergaster*, *Homo habilis*, *Homo neandertalensis*), n'ont pas non plus de survivants. Les hommes actuels appartiennent donc biologiquement tous à un seul groupe, et sont tous issus des premiers *Homo sapiens* apparus très récemment à l'échelle de l'évolution biologique, il y a seulement 100 000 à 200 000 ans. Il reste qu'ils sont les descendants des variétés d'humains qui les ont précédés, mais on connaît mal comment s'est faite la transition ayant abouti à ces premiers humains. Des *Homo sapiens* ont par ailleurs pu cohabiter avec des *Homo neandertalensis* et des mariages mixtes en résulter, mais on est mal renseigné là-aussi sur l'importance de ce métissage.

UNE SEULE ESPÈCE AVEC DES ÉCHANGES MIGRATOIRES ENTRE POPULATIONS. Les données génétiques indiquent que les premiers *Homo sapiens* devaient être très peu nombreux au départ, et que ce sont les enfants de ce petit groupe qui, en migrant, ont colonisé les différents continents. Ces premiers hommes étaient des chasseurs-cueilleurs et c'est le besoin de nouveaux territoires de chasse et de cueillette qui les a poussés à migrer. La région qu'ils habitaient au départ se situerait soit en Afrique de l'Est, soit au Proche-Orient. L'Afrique, l'Europe et l'Asie ont été peuplées progressivement par leurs descendants. Il y a 60.000 ans, des immigrants venus d'Asie par voie de mer ont colonisé l'Australie. 40.000 ans plus tard, d'autres immigrants ont rejoint l'Amérique par voie de terre à travers le détroit de Béring à l'époque émergé en raison de l'abaissement du niveau des mers.
Au cours de cette longue histoire, les différents groupes de descendants se sont éloignés les uns des autres, ce qui a entraîné une différenciation génétique au fil des générations. Elle n'a cependant pas eu le temps d'aboutir à une séparation entre plusieurs espèces ou sous-espèces. Les contacts maintenus de proche en proche entre populations et les mariages mixtes entre communautés voisines ont en effet assuré un brassage génétique qui a suffi à l'empêcher. Ce brassage a été multiplié récemment par l'essor des migrations.

LES GRANDS FLUX DE L'HISTOIRE MODERNE. Suite à la découverte de l'Amérique par les Européens et à l'installation par eux de comptoirs commerciaux de plus en plus loin en Asie et en Afrique, des immigrés européens s'installent dans ces nouveaux continents pour former des colonies de peuplement. Le flux d'immigrants européens s'intensifie aux XIXe et XXe siècles, alimenté par la forte croissance démographique de l'Europe et les perspectives de vie meilleure dans les colonies. Les famines, les guerres ou les crises politiques, qui produisent des cohortes d'affamés et de miséreux, alimentent les vagues de migrants. La famine survenue en Irlande entre 1845 et 1852 a ainsi entraîné le départ de millions d'Irlandais. Au total, entre 1500 et 1950, près de 40 millions d'Européens ont quitté l'Europe pour s'installer en Amérique, en Afrique, en Asie et en Australie-Nouvelle-Zélande.
Cette période a vu aussi de nombreux Africains capturés puis emmenés comme esclaves dans le cadre de deux commerces organisés, les traites atlantique et arabe. La traite atlantique, organisée par les Européens, visait à pourvoir leurs nouvelles colonies d'Amérique de main-d'œuvre agricole dans les plantations. D'après les statistiques d'embarquement, autour de 12 millions d'Africains auraient ainsi été emmenés. La traite arabe a vu un nombre encore plus important d'Africains – autour de 17 millions – capturés et emmenés comme esclaves dans le monde arabo-musulman de la Méditerranée et de l'océan Indien (en Égypte, Libye, Soudan, Éthiopie, etc.). La traite arabe a commencé dès le Moyen Âge, et s'est terminée plus tard – le dernier marché aux esclaves a été fermé en 1920 au Maroc.
L'émigration de commerçants chinois est très ancienne et elle a pris de l'ampleur à partir du XVe siècle, aboutissant à l'installation de comptoirs et de colonies un peu partout en Asie du Sud et du Sud-Est. On estime que la diaspora chinoise comptait 6 millions de personnes en 1910. L'émigration chinoise a continué ensuite, des *coolies* allant, par exemple, occuper les emplois laissés vacants par la suppression de l'esclavage en Amérique.

LES MIGRATIONS HISTORIQUES

LES PRINCIPALES MIGRATIONS JUSQU'À IL Y A 10 000 ANS

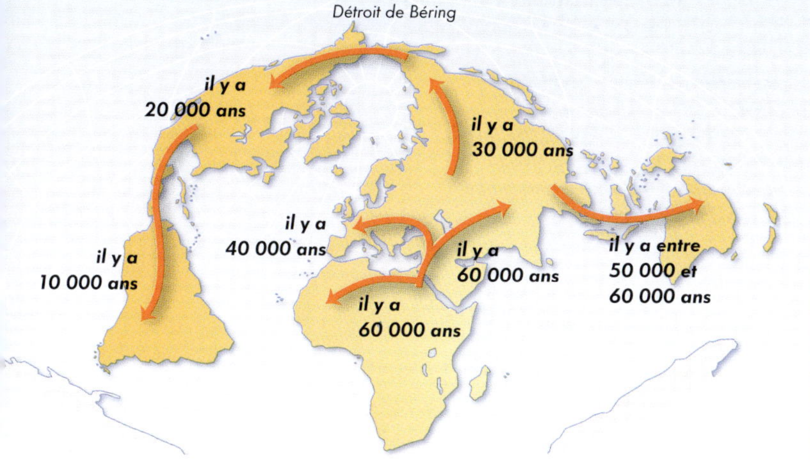

LES PRINCIPALES MIGRATIONS ENTRE 1500 ET 1950

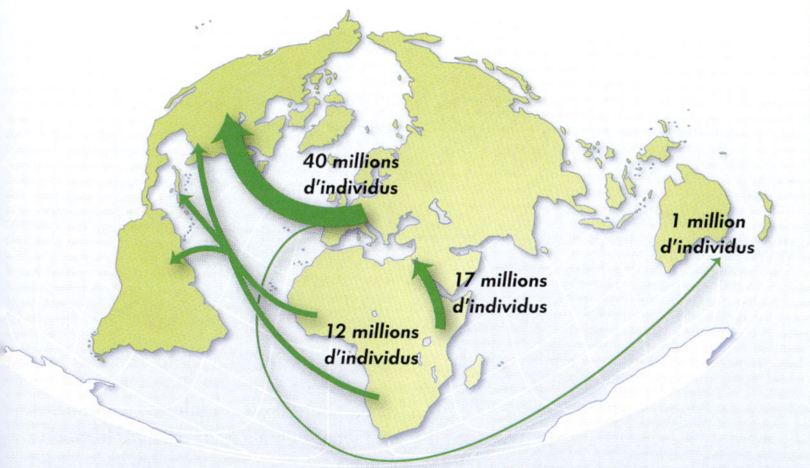

LA TRAITE ATLANTIQUE DE 1501 À 1866

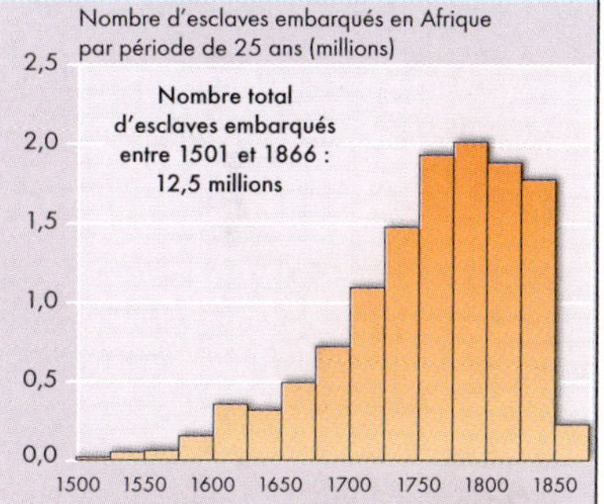

Source : David Eltis et al., *The trans-atlantic slave trade database* (http://www.slavevoyages.org) (interrogée en déc. 2008).

L'évolution de la traite atlantique

Le graphique indique le nombre d'esclaves embarqués par période de vingt-cinq ans du XVIe au XIXe siècle. Il totalise les embarquements des cinq principaux pays participant à la traite atlantique : le Portugal, l'Espagne, la France, les Pays-Bas et le Royaume-Uni. Au XVIe siècle et dans la première moitié du XVIIe siècle, la traite est presque exclusivement portugaise et espagnole et porte sur quelques milliers d'esclaves embarqués chaque année. Au cours de la seconde moitié du XVIIe siècle et de la première moitié du XVIIIe, la traite prend de l'ampleur avec l'entrée des autres pays dans le commerce. Les embarquements croissent régulièrement pour atteindre autour de 80 000 par an en moyenne au cours de la seconde moitié du XVIIIe siècle et du début du XIXe. Au début du XIXe, son niveau tend cependant à diminuer suite à la convention de Vienne de 1815 interdisant le trafic négrier. Le reflux s'accélère à partir de 1840 en raison de l'abolition de l'esclavage dans un nombre croissant de territoires d'Amérique et de la lutte contre le trafic d'esclaves, au point qu'en 1865, la traite a pratiquement cessé.

SUR 100 PERSONNES DANS LE MONDE

Toutes sont apparentées, ce qui veut dire que, si on était capable de retracer leur généalogie en remontant jusqu'à il y a 100 000 à 200 000 ans, on retrouverait les mêmes ancêtres pour toutes.

LES FLUX MIGRATOIRES AUJOURD'HUI

Jusque dans les années 1950, l'Europe demeurait la principale région de départ des migrants qui allaient en Amérique du Nord et du Sud, en Australie et en Nouvelle-Zélande. Même si ce mouvement existe toujours, les flux dominants sont aujourd'hui en sens inverse, du Sud vers le Nord. Ainsi les Africains vont en Europe, les Mexicains et les Latino-Américains en Amérique du Nord, et les habitants des pays pauvres d'Asie du Sud (Inde, Bangladesh, Philippines) dans les deux régions. Une partie d'entre eux se déplacent aussi d'est en ouest en allant dans les pays riches du golfe Persique (Arabie saoudite, Émirats).

LES SOLDES MIGRATOIRES AUJOURD'HUI

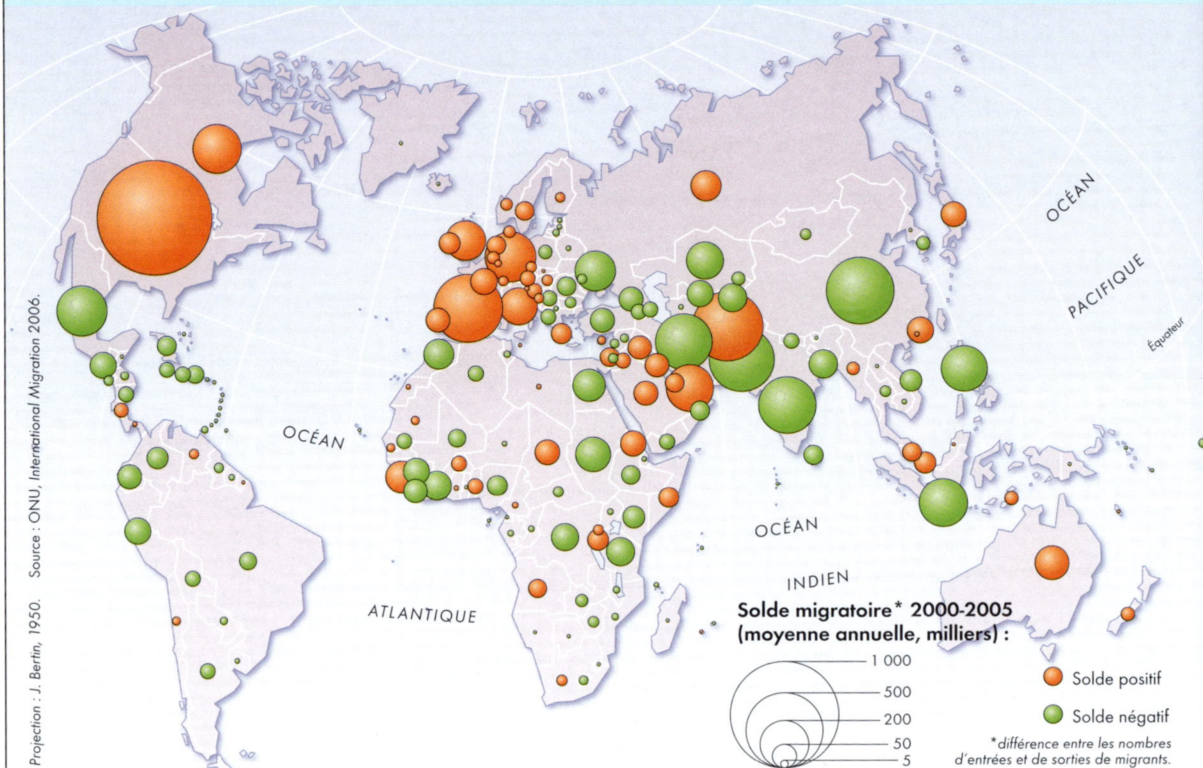

Les soldes migratoires dans les pays d'accueil

Si on classe les pays selon le solde migratoire – différence entre les entrées et les sorties de migrants –, le pays d'immigration venant en tête sur la période 2000-2005 est les États-Unis (1,2 million de solde migratoire en moyenne annuelle), puis viennent l'Espagne (405 000), l'Allemagne (220 000), le Canada (210 000), les Émirats arabes unis (192 000), le Royaume-Uni (137 000), l'Italie (120 000) et l'Australie (100 000). La France vient plus loin (91 000 personnes par an d'après l'Insee). Globalement, les 25 pays de l'Union européenne ont gagné 1,6 million de personnes par an en moyenne au cours de cette période, soit plus que les États-Unis.

Si l'on rapporte le solde migratoire à l'effectif de la population, le classement est tout à fait différent. Les Émirats arabes unis viennent en tête avec un taux de solde migratoire de 5 % en moyenne annuelle, suivis du Qatar (4 %) et du Koweït (2 %). Les pays européens ayant les taux de solde migratoire les plus élevés au cours de cette période sont l'Irlande et l'Espagne (1 % chaque). Se situent plus bas dans le classement le Canada (0,7 %), l'Australie et Israël (0,5 % chaque) et les États-Unis (0,4 %). L'Union européenne (à 25 pays) considérée globalement, qui est une fois et demie plus peuplée que les États-Unis, se retrouve avec un taux d'accroissement migratoire légèrement inférieur (0,34 %). La France est loin derrière avec seulement 0,1 %.

LES FLUX MIGRATOIRES AUJOURD'HUI

Pays ayant accueilli un fort effectif de migrants économiques — Principales régions de départ — Principaux flux de migrants

Source : *Le Monde diplomatique*, février 2006.

Les pays de départ

Émetteurs de main-d'œuvre peu qualifiée. Aux Philippines ou au Bangladesh, au Mexique ou en Haïti, au Maroc ou en Algérie et au Mali ou au Sénégal, les migrants quittent ces pays dans l'espoir d'une vie meilleure pour eux et pour leur famille. Dans leur pays d'accueil, ils occupent souvent des emplois peu qualifiés, même s'ils ont de l'instruction et des qualifications acquises dans leur pays d'origine.

Exportateurs de compétence. La mondialisation pousse les grandes entreprises à mener leurs activités à l'échelle internationale. Une part croissante des professionnels de haut niveau sont par ailleurs recrutés dans les pays du Sud qui, comme l'Inde, fournissent de plus en plus d'ingénieurs et d'informaticiens participant eux-mêmes à la mobilité internationale.

Producteurs de réfugiés. D'après le HCR, les réfugiés seraient 16 millions fin 2007. L'Afrique en compte beaucoup en raison du nombre important de conflits dans la Corne de l'Afrique ou en Afrique centrale ou australe. Dans le Caucase et au Moyen-Orient (Kurdistan, Irak, Afghanistan), les tensions et les crises produisent de nouveaux flux de réfugiés, tandis que, plus de soixante ans après leur départ forcé, les réfugiés palestiniens vivent toujours dans l'attente d'un règlement du conflit israélo-palestinien.

CHAQUE JOUR

des personnes rentrent dans l'UE et d'autres en sortent, les premières dépassant en nombre les secondes de 4 500 ; de même aux États-Unis, avec un écart de 3 000 personnes.

LES MIGRATONS INTERNES : LE BRÉSIL

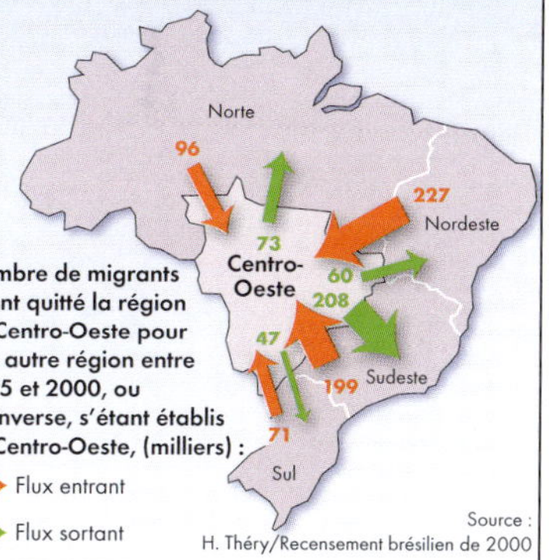

Nombre de migrants ayant quitté la région du Centro-Oeste pour une autre région entre 1995 et 2000, ou à l'inverse, s'étant établis au Centro-Oeste, (milliers) :

Flux entrant

Flux sortant

Source : H. Théry/Recensement brésilien de 2000

Les migrations internationales ne reflètent qu'une toute petite partie des migrations, la plupart d'entre elles s'effectuant à l'intérieur d'un pays et n'étant pas l'occasion de franchir une frontière. Le Brésil a ainsi une faible proportion d'immigrés (seulement 0,3 % de ses habitants sont nés à l'étranger en 2005), mais d'importants mouvements de migration interne liés en partie à l'exode rural.

LES STOCKS DE POPULATION IMMIGRÉE

Le nombre de migrants internationaux – les personnes vivant dans un autre pays que celui où elles sont nées, qui ont donc changé de pays à un moment de leur vie – est estimé par les Nations unies à 191 millions en 2005. Ils ne représentent qu'une petite minorité de l'humanité (moins de 3 %), la plupart des humains vivant dans leur pays de naissance. Ils ont pu arriver il y a longtemps dans le pays où ils habitent. Ils font partie du stock d'immigrés et doivent bien être distingués des flux constitués par les migrants qui sont en train d'arriver ou de partir.

LE NOMBRE D'IMMIGRÉS VIVANT DANS CHAQUE PAYS EN 2005 (STOCKS)

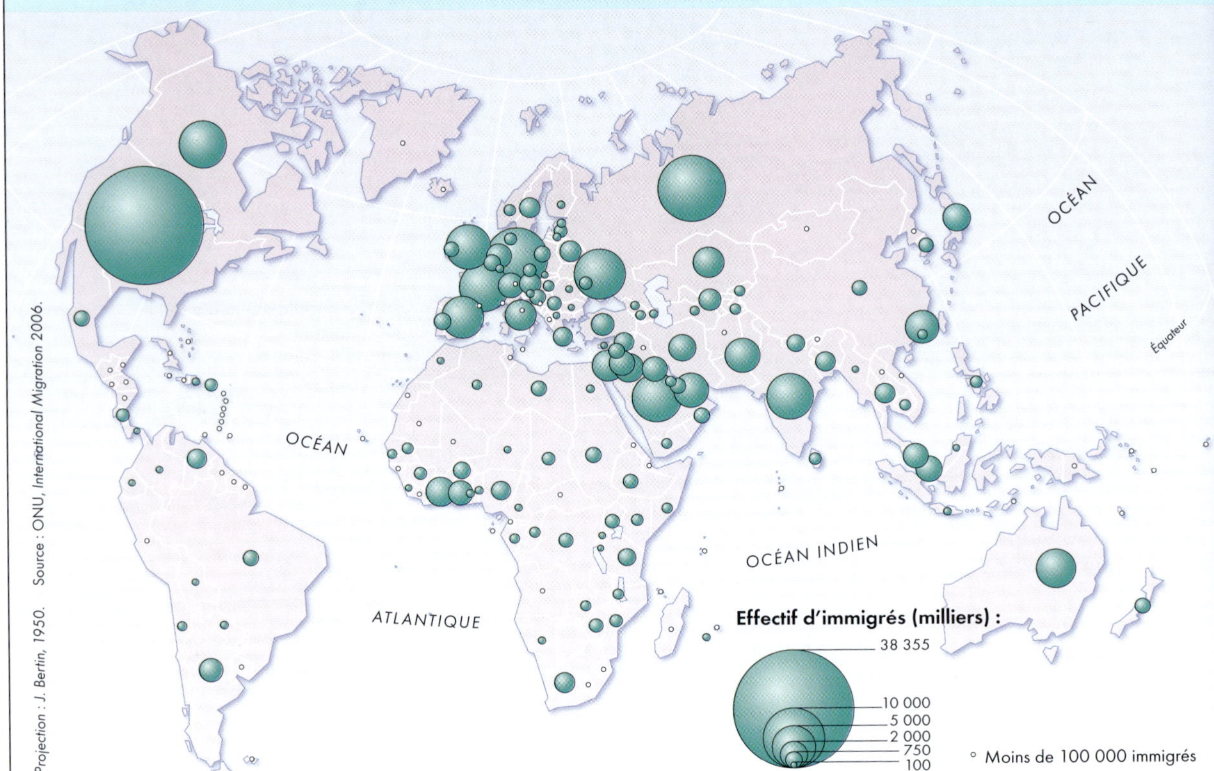

Projection : J. Bertin, 1950. Source : ONU, International Migration 2006.

Flux et stocks de migrants, deux notions à ne pas confondre

Le nombre de personnes entrant dans un pays au cours d'une période donnée est une mesure du flux d'entrée ; le nombre de celles vivant dans ce pays à une date donnée et qui sont nées à l'étranger est une mesure de stock. Le stock est constitué de toutes les personnes entrées un jour dans le pays et qui n'en sont pas reparties. Un pays peut avoir un stock d'immigrés important et un flux faible, s'il a connu un flux important par le passé mais que celui-ci s'est réduit, comme c'est le cas de la France.

Immigré, étranger, deux notions différentes. Un immigré est une personne née dans un autre pays que celui où elle réside, qui a donc franchi une frontière (ou plusieurs) depuis sa naissance. La notion d'immigré est différente de celle d'étranger – une personne qui ne possède pas la nationalité du pays où elle réside.

Qu'est-ce qu'un migrant international ? Les Nations unies recommandent de retenir comme migrant international toute personne changeant de pays de résidence habituelle pour une durée de séjour d'au moins un an, quel qu'en soit le motif. Le franchissement d'une frontière internationale, avec changement de résidence habituelle, différencie la migration internationale de la migration interne qui s'effectue à l'intérieur des frontières d'un État.

LA PROPORTION D'IMMIGRÉS EN 2005 SELON LES PAYS

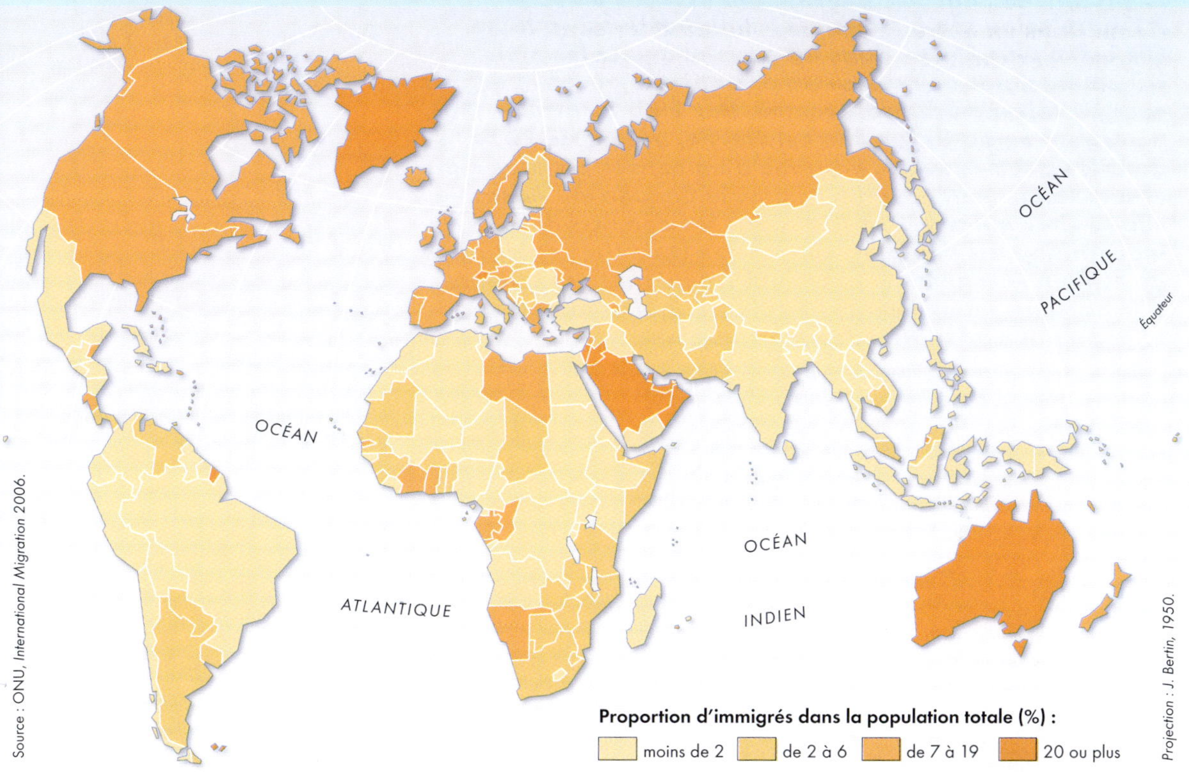

Source : ONU, *International Migration 2006*.

Projection : J. Bertin, 1950.

COMMENT MESURER LES MIGRATIONS INTERNATIONALES ? Peu de pays disposent de système leur permettant d'observer les départs de migrants de leur territoire. Les statistiques migratoires sont donc produites à partir de l'observation des arrivées dans les pays d'installation. Les flux annuels d'immigration sont estimés à l'aide de sources administratives – délivrance des permis de séjour ou de travail, registre de population – et les stocks de population immigrée ou étrangère, à l'aide de recensements ou d'enquêtes permettant de distinguer les individus selon leur pays de naissance ou leur nationalité.

QUI SONT LES MIGRANTS ? Les migrants internationaux sont traditionnellement des hommes jeunes, ayant entre 20 et 35 ans, de faible qualification, se déplaçant pour travailler. Mais les migrants tendent à être de plus en plus qualifiés, qu'il s'agisse des flux entre pays les plus développés, mais aussi entre pays du Sud. Et la place des femmes augmente dans les migrations de travail au point que les parts des deux sexes tendent à s'équilibrer aujourd'hui. Par ailleurs, la migration de travail s'accompagne de façon croissante de migration de regroupement familial, le migrant une fois installé dans le pays d'accueil cherchant à y faire venir sa famille – son conjoint, ses enfants, ses parents.

SUR 100 PERSONNES DANS LE MONDE

97 vivent dans le pays où elles sont nées 3 dans un pays où elles ont immigré.

LES GROUPES DE MIGRANTS INTERNATIONAUX

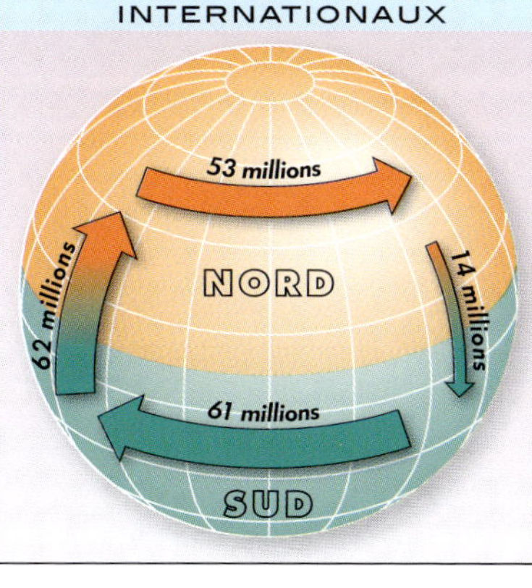

Source : ONU, Division de la population, 2007.

Les migrants internationaux se répartissent en trois groupes d'importance à peu près égale : les migrants nés au Sud et vivant au Nord (62 millions) ; les migrants Sud-Sud (61 millions), qui ont migré d'un pays du Sud vers un autre pays du Sud ; les migrants Nord-Nord (53 millions). Se rajoute le quatrième groupe des personnes nées au Nord et ayant migré au Sud, nettement moins important numériquement (14 millions).

LE NOMBRE ET LA PART DES IMMIGRÉS

La proportion d'immigrés varie beaucoup d'un pays à l'autre selon son histoire migratoire et aussi sa taille. Elle est la plus élevée dans les pays peu peuplés mais richement dotés en ressources pétrolières, où les immigrés sont parfois majoritaires, comme aux Émirats arabes unis, au Koweït ou au Qatar. Elle est élevée, autour de 20 %, dans les pays « neufs », pourvus d'immenses espaces mais encore faiblement peuplés, comme le Canada et l'Australie. Elle se situe entre 4 % et 15 % dans les démocraties industrielles occidentales, comme les États-Unis et les pays de l'Union européenne. Les conflits génèrent par ailleurs d'importants mouvements de réfugiés qui gonflent la population immigrée des pays voisins.

LE NOMBRE ET LA PART DES IMMIGRÉS

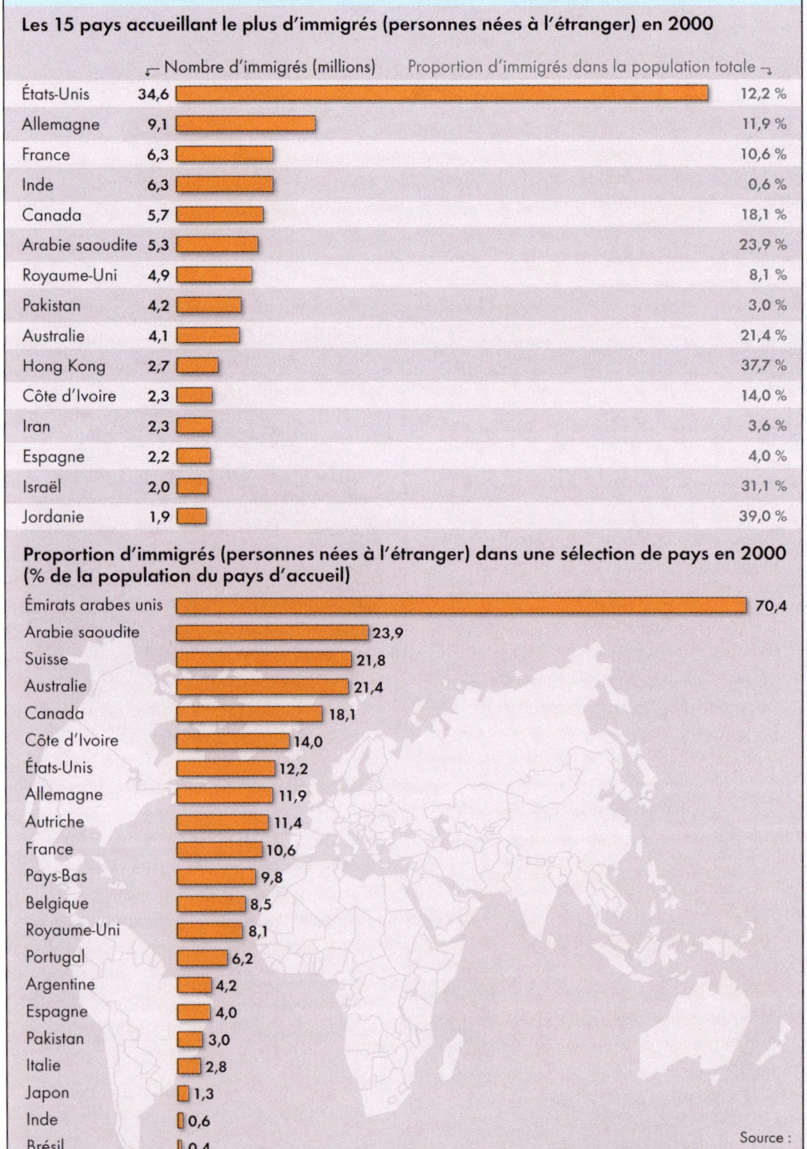

Source : Nations unies, *World Migrant Stock : The 2005 Revision Population Database* (http://esa.un.org/migration/).

Quels sont les grands pays d'immigration ?

Les États-Unis sont le pays ayant sur son sol le plus grand nombre de personnes nées à l'étranger (38 millions en 2005), soit six fois plus que l'Arabie saoudite (6,4 millions) ; mais, proportionnellement à sa taille, ce dernier pays a deux fois plus d'étrangers : 26 %, contre 13 %. Si l'on rapporte de façon systématique le nombre d'immigrés à l'effectif de la population dans un pays, cinq types de pays apparaissent :

- des pays, peu peuplés mais richement dotés en ressources pétrolières, ont une forte population étrangère : les immigrés y sont parfois majoritaires. C'est dans ce groupe qu'on rencontre en 2005 les proportions les plus élevées sur le plan mondial : Qatar (78 %), Émirats arabes unis (71 %), Koweït (62 %), Arabie saoudite, Bahreïn, Oman et Brunei ayant des taux compris entre 25 % et 40 % ;
- un deuxième type, à fort pourcentage d'immigrés, est formé de très petits territoires, des micro-États souvent dotés d'un statut particulier, notamment sur le plan fiscal : Monaco (70 %), Macao (56 %), Singapour (43 %) ;
- le troisième type correspond aux pays qualifiés autrefois de « pays neufs », pourvus d'immenses espaces mais encore peu peuplés : Australie (20 %) et Canada (19 %). Leur mode de développement les rapproche du type suivant ;
- un quatrième type est celui des démocraties industrielles occidentales où le taux d'immigrés est générale-

DANS LA POPULATION

Les facteurs influant sur la proportion d'immigrés

La proportion d'immigrés dans un pays indique l'importance des flux d'immigration passés. Ainsi, les États-Unis, avec 13 % de la population née à l'étranger en 2005 (38 millions de personnes), sont, depuis longtemps, le premier pays d'accueil de migrants. Mais la Suisse a un taux d'immigrés encore plus important (23 %), et le Luxembourg, encore plus (37 %). Si l'attractivité du pays joue, sa taille aussi. Plus elle est petite, plus la part de la population née à l'étranger risque d'être élevée. En sens inverse, plus le pays est grand, plus cette part risque d'être faible. L'Inde ne compte ainsi que 0,5 % d'immigrés en 2005, et la Chine encore moins, 0,05 %. Mais si chaque province chinoise était un pays indépendant – une dizaine de provinces ont plus de 50 millions d'habitants, la plus peuplée, le Henan, en ayant plus de 100 millions – le taux d'immigrés serait beaucoup plus élevé, les migrations de province à province, qui ont pris beaucoup d'importance ces dernières années, étant alors comptées comme migrations internationales et non plus comme migrations internes. L'importance relative des deux types de migration dépend donc beaucoup de la façon dont le territoire est découpé en nations.

ment compris entre 4 % et 15 % : Autriche (15 %), États-Unis (13 %), Suède (12 %), Allemagne (12 %), Espagne (11 %), France (11 %), Pays-Bas (10 %), Belgique (7 %), Italie (4 %). Avec 23 % d'étrangers en 2005, la Suisse semble une exception dans ce groupe, mais son statut quasi insulaire au cœur de l'Union européenne la rapproche plutôt du second type évoqué plus haut ;

• un cinquième type, un peu particulier, est celui des pays dits de « premier asile » recevant des flux massifs de réfugiés du fait de conflits dans un pays voisin. La Syrie héberge ainsi autour d'un million et demi de réfugiés irakiens fin 2007, soit l'équivalent de 8 % de sa population, et le Tchad près de 300 000 réfugiés (3 % de sa population) originaires du Soudan. La quasi-totalité de ces pays d'accueil sont situés au Sud : outre les deux déjà mentionnés, on trouve l'Iran, le Pakistan, l'Éthiopie, le Soudan, l'Ouganda, le Kenya, la Tanzanie, la Guinée. La plupart de ces pays sont sous-développés et ont de la peine à faire face à cet afflux de réfugiés.

SUR 100 IMMIGRÉS AUX ÉTATS-UNIS*

52 sont nés en Amérique latine
27 en Asie
14 en Europe
6 dans une autre région du monde.

* CHIFFRES 2003.

LE NOMBRE ET LA PART DES ÉMIGRÉS

Les 15 pays de départ ayant fourni le plus de migrants (situation en 2000)

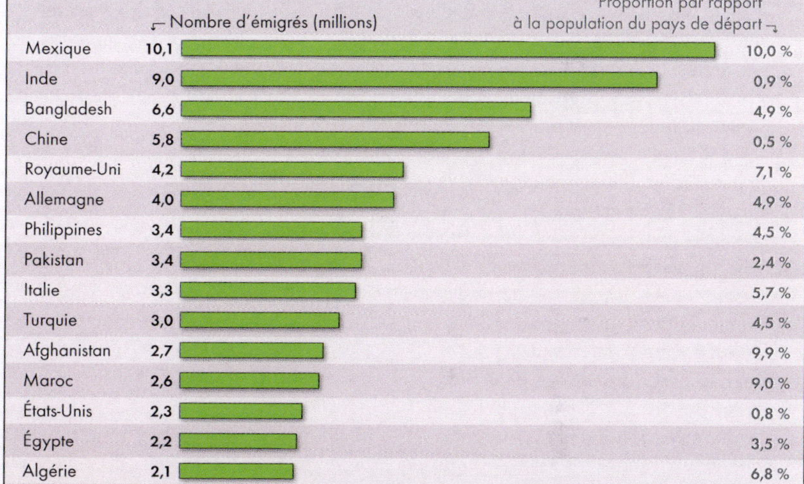

Proportion d'émigrés (personnes nées dans le pays et vivant à l'étranger) dans une sélection de pays en 2000 (% de la population du pays de départ)

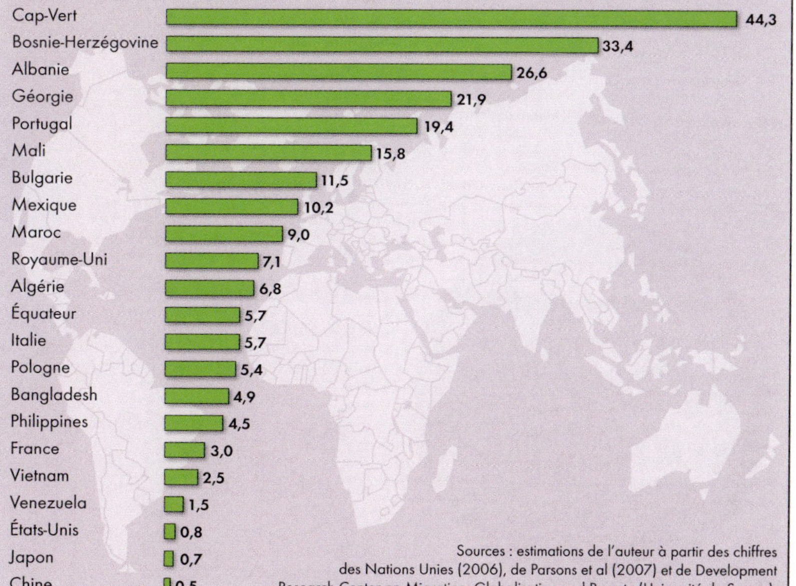

Sources : estimations de l'auteur à partir des chiffres des Nations Unies (2006), de Parsons et al (2007) et de Development Research Center on Migration, Globalisation and Poverty (Université de Sussex).

QUI SONT LES IMMIGRÉS ?

Lorsqu'ils arrivent dans leur pays de destination, les migrants venant pour travailler sont souvent jeunes. Le regroupement familial entraîne l'arrivée de personnes plus âgées et aussi d'enfants. Les migrants sont nombreux ensuite à rester dans leur pays d'accueil. Ils y fondent une famille, ont des enfants, vieillissent, et enfin meurent. Une partie des immigrés finissent aussi par retourner dans leur pays de naissance ou aller dans un autre pays d'accueil. L'ensemble des immigrés vivant dans un pays à un moment donné forment au total une population variée reflétant les vagues d'immigration successives et les pertes subies ensuite par chacune en raison des départs et des décès.

Les immigrés, une population variée

Dans un pays d'immigration, la population immigrée s'est constituée progressivement par l'apport des flux des différentes années. Dans un vieux pays d'immigration comme la France, la pyramide des âges des immigrés par pays de naissance révèle l'histoire des différents vagues d'immigration au cours du siècle passé, la plupart des immigrés étant restés ensuite dans le pays.

Les immigrés italiens, souvent très âgés, sont pour la plupart les survivants des vagues d'immigration italienne de la première moitié du XXe siècle. À noter que leurs enfants nés en France ne sont pas des immigrés selon les définitions utilisées internationalement. Les immigrés espagnols, relativement âgés également, sont venus un peu plus tard que les Italiens, au moment de la guerre civile en Espagne ou juste après. L'immigration portugaise est plus récente, mais elle s'est tarie comme les deux précédentes. L'immigration maghrébine, très puissante en France à partir des années 1960, reste encore importante. L'immigration marocaine s'est développé plus tard que celle en provenance d'Algérie ou de Tunisie. La vague migratoire provenant d'Afrique subsaharienne est plus récente, comme celle, moins importante, venant de Turquie.

SUR 100 IMMIGRÉS EN FRANCE

39 sont nés dans un pays du Maghreb (20 en Algérie, 12 au Maroc, 5 en Tunisie) 29 dans un pays de l'UE (9 au Portugal, 6 en Italie, 5 en Espagne) 32 dans un autre pays.

LE PROFIL DES IMMIGRÉS EN FRANCE EN 2005,

PAYS DE NAISSANCE DES IMMIGRÉS* SELON L'ÂGE (SEXES CONFONDUS) EN FRANCE, 2005

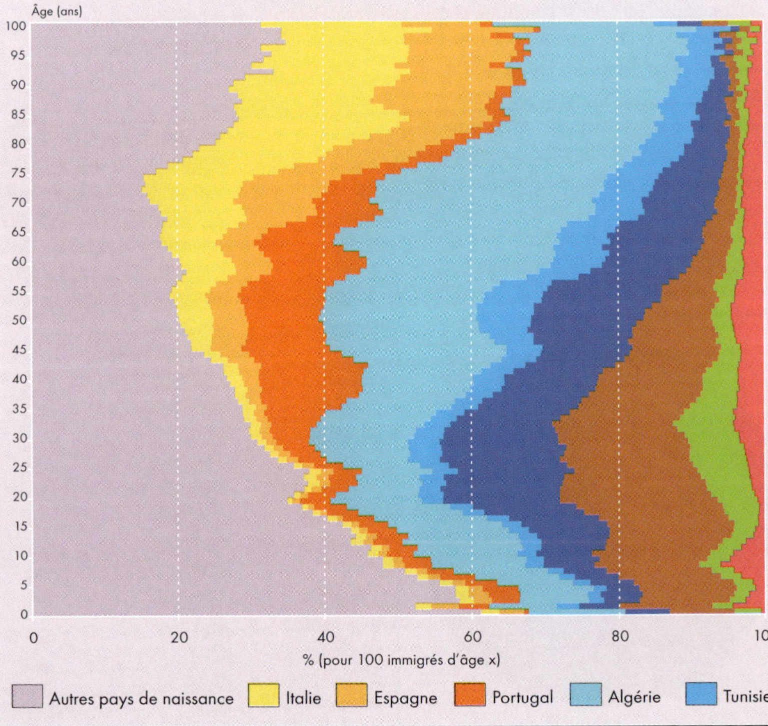

RÉFUGIÉS ET DEMANDEURS D'ASILE EN AFRIQUE

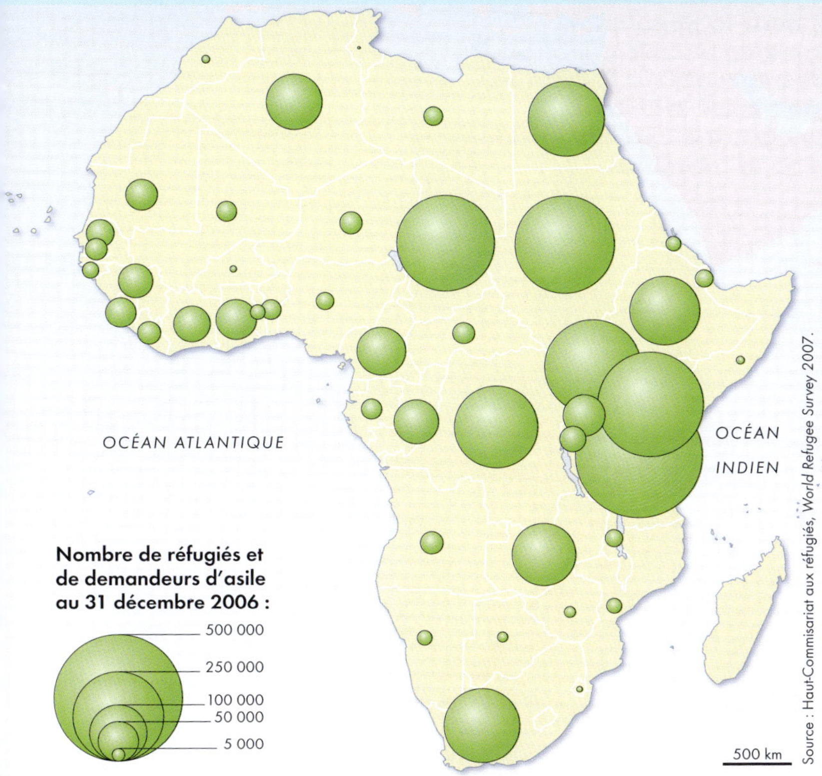

Réfugiés et déplacés en Afrique

D'après le Haut-Commissariat des Nations unies pour les réfugiés (HCR), en 2007, dans le monde, environ 67 millions de personnes sont réfugiées dans un pays étranger ou déplacées dans leur propre pays en raison de conflits ou de catastrophes naturelles. Les seconds forment les trois quarts du total, leur nombre ayant beaucoup augmenté récemment, notamment en Afrique. En 2007, ce continent abrite près de 15 millions de réfugiés ou de déplacés à l'intérieur de leur pays en raison de conflits notamment dans la Corne de l'Afrique et en Afrique centrale et australe. Le conflit au Soudan entraîne à lui seul l'exil hors de chez elles de plus de 7 millions de personnes (en 2007), et celui d'Afrique centrale, de plus de 4 millions, la guerre civile en Somalie étant de son côté à l'origine de plus d'un million de réfugiés ou déplacés.

SELON L'ÂGE ET LE PAYS DE NAISSANCE

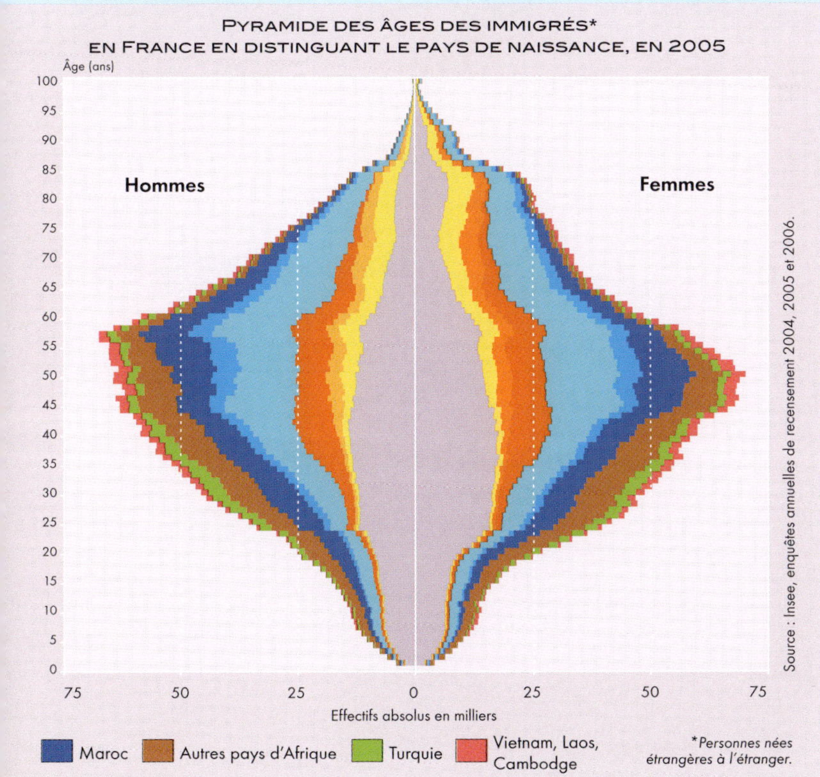

Deux enfants par femme en France : la « faute » aux immigrées ?

Avec une fécondité de deux enfants par femme en 2008, la France est proche du seuil de remplacement des générations. Est-ce dû à la présence des étrangers comme on le dit souvent ? Les étrangères contribuent aux naissances de la France dans une proportion de 12 % et les immigrées, qui incluent les étrangères devenues françaises, dans une proportion de 15 %. La fécondité des étrangères est plus élevée que celle des Françaises (3,3 enfants contre 1,8 en 2004), mais comme ce surcroît ne concerne qu'une minorité au sein de la population (5,8 %), il relève seulement de 0,1 enfant le taux de fécondité de la métropole, qui passe ainsi de 1,8 à 1,9 enfant par femme en 2004. Immigration ou pas, la fécondité de la France reste l'une des plus élevées d'Europe.

L'IMMIGRATION ET LE RENOUVELLEMENT

Dans plusieurs pays d'Europe, les décès sont plus nombreux que les naissances, mais la population continue à augmenter en raison d'un excédent migratoire (différence entre les entrées de migrants sur les sorties). La population de l'Europe ne pourra se maintenir à terme à son niveau actuel que grâce à une immigration importante, même dans le cas où la fécondité se relèverait.

CHAQUE JOUR DANS L'UNION EUROPÉENNE

14 000 enfants naissent
13 200 personnes meurent
il rentre 4 500 personnes de plus qu'il n'en sort par migration
la population augmente de 5 300 personnes.

L'ÉVOLUTION DES NAISSANCES ET DES DÉCÈS DANS L'UNION EUROPÉENNE (27 PAYS)

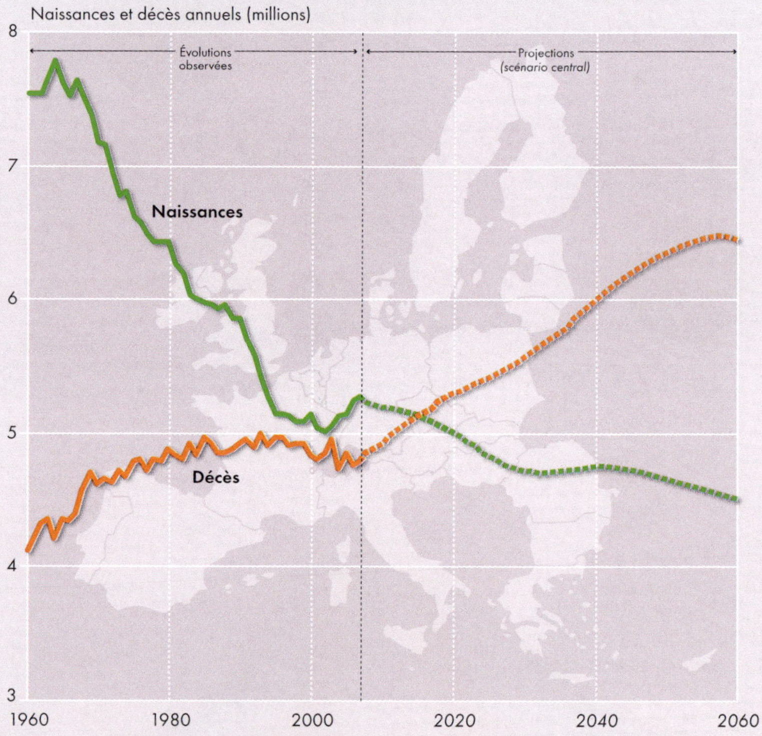

Source : Eurostat, *Europop 2008 (European Population Projections, base year 2008).*

Projections

Les projections démographiques publiées par Eurostat en 2008 annoncent que les naissances continueraient à diminuer et les décès à augmenter, de telle sorte que les seconds dépasseraient les premiers en 2015, le déficit des naissances sur les décès se creusant ensuite pour atteindre près de deux millions en 2060. L'augmentation des décès est pratiquement inévitable, même si l'espérance de vie continue de progresser. Les générations nombreuses nées pendant le *baby-boom*, qui ont entre 40 et 60 ans en 2005, vont vieillir et mourir. Le scénario d'Eurostat suppose un relèvement progressif de la fécondité jusqu'à un niveau de 1,85 enfant par femme, les différents pays convergeant vers ce niveau en 2150. Il suppose aussi que l'immigration va continuer, quoique à un rythme en diminution, le solde migratoire atteignant 800 000 en 2060, un niveau deux fois moindre que celui d'aujourd'hui. Les migrations ne suffiraient pas dans ce cas à compenser l'excédent des décès sur les naissances et la population diminuerait à l'horizon 2060.

DE LA POPULATION DE L'EUROPE

L'avenir de l'Europe

Depuis 45 ans. Entre 1960 et 2005, la population des 27 pays composant l'Union européenne en 2005 est passée de 403 à 491 millions d'habitants. L'augmentation de 88 millions vient principalement de l'excédent des naissances sur les décès. Au début des années 1960, par exemple, il naissait dans l'ensemble des 27 pays de l'Union plus de sept millions et demi de bébés chaque année – contre un peu plus de cinq millions en 2005 – et on enregistrait un peu plus de quatre millions de décès. L'excédent naturel (trois millions et demi), pour une population qui ne comptait alors que 400 millions d'habitants, entraînait un accroissement de 8 pour 1 000 par an, un taux 16 fois supérieur au taux des années 2000-2005. Les nombreuses naissances reflétaient le *baby-boom*, lequel allait pourtant se terminer rapidement : les naissances, après avoir atteint un pic en 1965 (7,8 millions), ont ensuite diminué sous l'effet de la baisse de la fécondité. Celle-ci est passée de 2,7 enfants en moyenne par femme en 1965 à 1,5 en 2005. Simultanément, les décès ont augmenté, passant de 4,1 millions en 1960 à 4,8 millions en 2005. Il semble étonnant que la hausse n'ait pas été plus forte, car la population a sensiblement augmenté dans l'intervalle et a vieilli, et elle comprend un nombre plus important de personnes âgées. Mais la mortalité a baissé, et l'espérance de vie a augmenté, gagnant neuf ans en quarante-cinq ans (elle est passée de 70 à 79 ans entre 1960 et 2005). Ce progrès a permis le maintien du nombre absolu de décès à peu près au même niveau.

LE SOLDE MIGRATOIRE DE L'UE (27 PAYS)

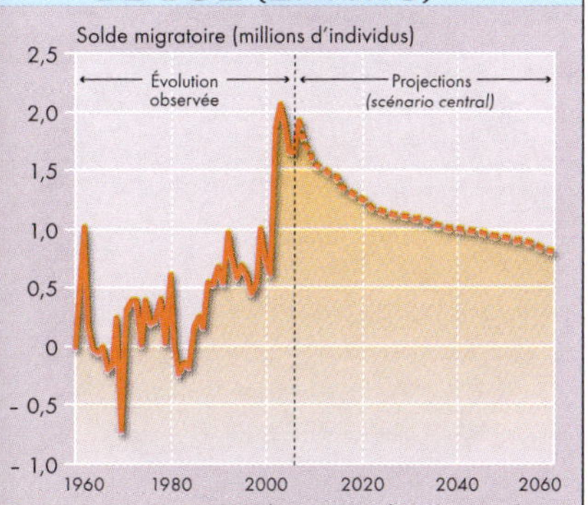

Source : Eurostat, *Europop 2008 (European Population Projections).*

L'AVENIR DE LA FÉCONDITÉ EUROPÉENNE

Fécondité des pays de l'Union européenne (27 pays) en 2008 et en 2060 (projections selon le scénario moyen d'Eurostat)

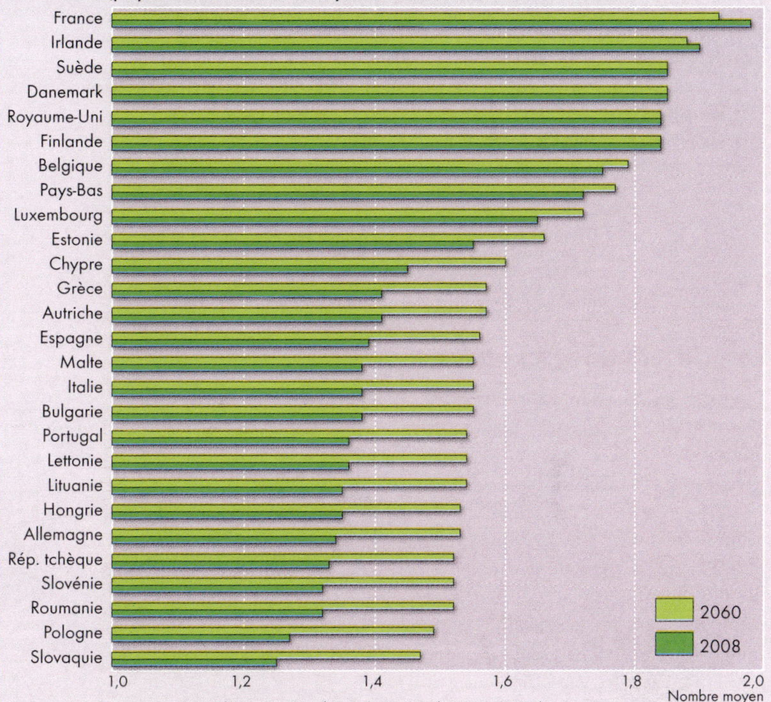

Source : Eurostat, *Europop 2008 (European Population Projections, base year 2008).*

L'immigration peut-elle assurer le maintien de la population ?

Si la population de l'Union continue à augmenter en 2005, c'est presque exclusivement grâce aux migrations. L'excédent migratoire, différence entre les entrées et les sorties de migrants, s'est beaucoup accru au cours des années 1990 et 2000 et atteint plus de 1,6 million en 2005.

Pour illustrer le rôle de l'immigration dans l'évolution démographique de l'Europe, Eurostat a calculé des projections en faisant l'hypothèse qu'à partir de 2008 le solde migratoire était nul. Ce scénario « sans migration » est irréaliste mais il a une portée pédagogique : il montre ce que serait l'évolution si l'immigration était stoppée en Europe à partir d'aujourd'hui. Dans ce cas, la population des 27 diminuerait dès 2015, la diminution s'accélérant progressivement jusqu'à une population d'un peu plus de 400 millions en 2060, contre près de 500 aujourd'hui, soit une perte de 100 millions (20 %) en un demi-siècle la ramenant à son niveau de 1960. La population de l'Europe ne pourra se maintenir à terme à son niveau actuel que grâce à une immigration importante, même dans le cas où la fécondité se relèverait.

LA POPULATION AVEC OU SANS MIGRATION

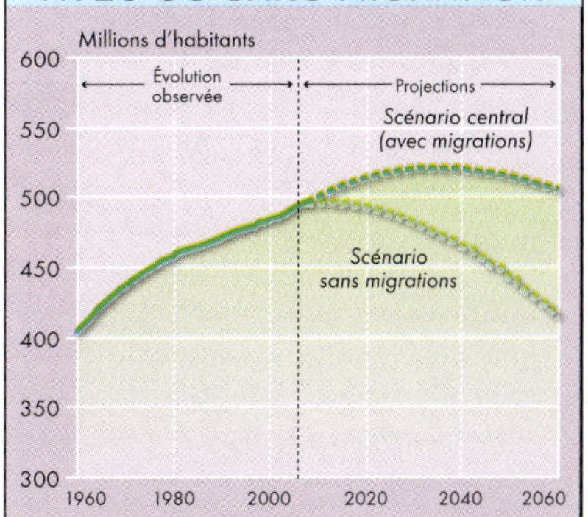

Source : Eurostat, *Europop 2008 (European Population Projections).*

L'Europe et les États-Unis ont en commun de concentrer une grande part de la richesse mondiale et de bénéficier de flux d'immigration importants. Leur dynamique démographique n'est cependant pas la même, 60 % de la croissance démographique américaine étant assurée par le solde naturel alors qu'en Europe, où ce solde est pratiquement nul, la croissance ne tient qu'à l'immigration.

La forte fécondité américaine

La forte croissance naturelle aux États-Unis tient en partie à une fécondité élevée : 2,05 enfants en moyenne par femme en 2005, contre 1,52 dans l'Union européenne. Ce n'est pas le faible niveau européen qui étonne mais plutôt le fort niveau américain, la fécondité ayant chuté sous le seuil de remplacement des générations dans bien d'autres pays industrialisés (1,3 enfant par femme au Japon, par exemple) ainsi que dans nombre de pays en cours d'industrialisation (1,2 en Corée du Sud et environ 1,6 en Chine). Avec 2,05 enfants par femme en 2005, les États-Unis dépassent de nombreux pays ou régions du Sud et font désormais partie de la minorité la plus féconde de l'humanité.

Les taux de fécondité moyens abritent cependant de grandes variations : de 1,6 dans le Vermont à 2,5 en Utah, et de 1,2 en Pologne à 1,9 en France. L'échelle de variation relative est donc la même des deux côtés de l'Atlantique. Au nord-est des États-Unis, la fécondité a le même niveau qu'en Europe du Nord et de l'Ouest. À proximité du Mexique, la population « d'origine hispanique » (catégorie retenue par la statistique américaine) contribue à relever la fécondité. Sur l'ensemble des États-Unis, la fécondité des « Hispaniques » s'élève à 2,9 enfants par femme, contre 1,9 chez les « Non-Hispaniques ». Parmi ces derniers, l'écart de fécondité entre « Blancs » et « Afro-Américains » est bien plus faible : 1,8 contre 2,0.

Les fécondités les plus élevées au sein de l'Union européenne s'observent au nord et à l'ouest (entre 1,7 et 1,9 enfant par femme), les plus basses au sud, au centre et à l'est (moins de 1,5). Quelques pays ne suivent pas ce gradient, comme l'Estonie (1,5) ou l'Autriche (1,4) et l'Allemagne (1,3), plus proches des pays de l'Est et du Sud.

Pour expliquer la forte fécondité américaine, certains mettent en avant la pratique religieuse, bien plus forte aux États-Unis. Jouent un plus grand nombre de grossesses imprévues, notamment chez les adolescentes, et la présence d'une forte minorité hispanique, souvent pauvre.

LA FÉCONDITÉ DANS L'UNION EUROPÉENNE (2005)

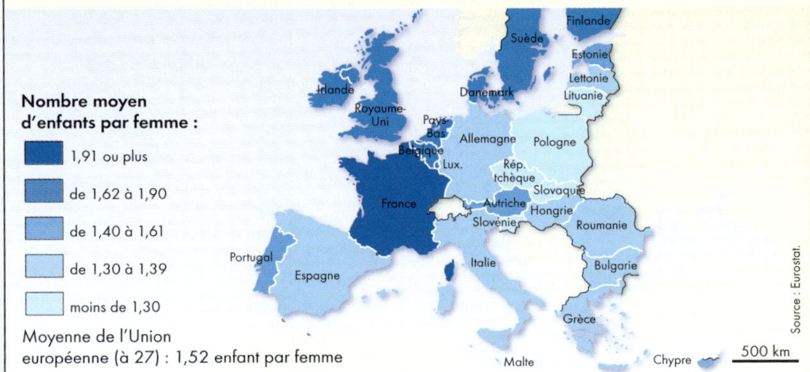

LA FÉCONDITÉ AUX ÉTATS-UNIS (2005)

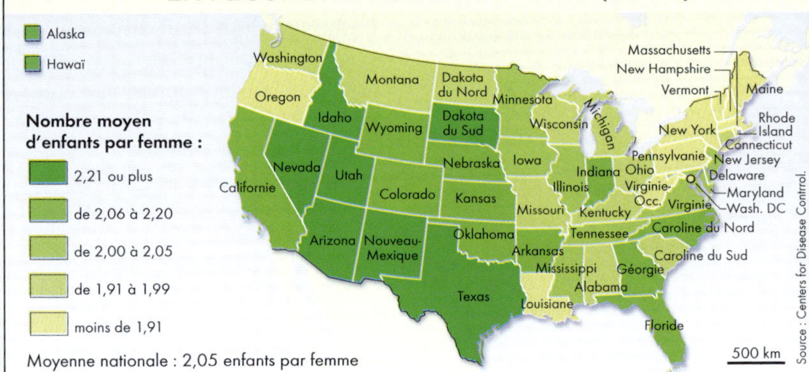

CHAQUE JOUR AUX ÉTATS-UNIS

- 11 300 enfants naissent
- 6 700 personnes meurent
- il rentre 3 000 personnes de plus qu'il n'en sort par migration
- la population augmente de 7 600 personnes.

DÉMOGRAPHIQUES AU NORD

Europe-États-Unis avec l'élargissement

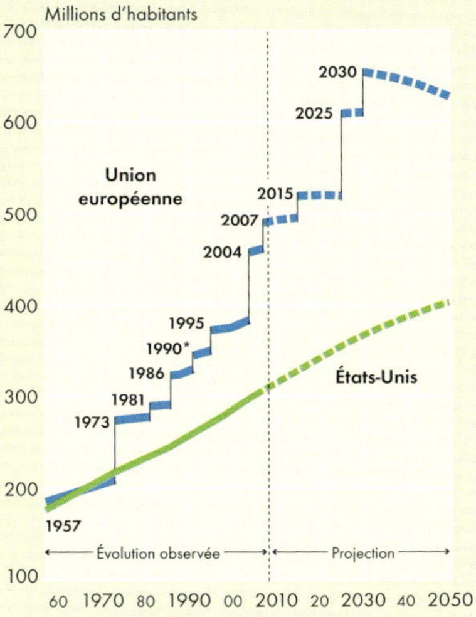

**Réunification allemande*

Projections : variantes moyennes des projections d'Eurostat (2005) et des Nations unies (2007)
Note : on fait ici l'hypothèse que les pays des Balkans ne faisant pas partie de l'Union européenne en 2008 (Albanie, Bosnie-Herzégovine, Croatie, Kosovo, Macédoine, Monténégro et Serbie) y rentrent en 2015, la Turquie en 2025, et l'Ukraine et la Géorgie en 2030, sans préjudice d'autres pays : Maroc, Tunisie, Algérie, Norvège, Suisse...
Les dates d'entrée de futurs membres sont purement hypothétiques et ne traduisent pas de position officielle.

Source : Gilles Pison, *Population et sociétés*, n° 446, 2008.

Quelques chiffres-clés

	Union européenne (à 25)	États-Unis
Population au 1er juillet 2005 (millions d'habitants)	462,6	295,9
Mouvement (effectifs absolus, milliers)		
• Naissances	4 843	4 140
• Décès	4 467	2 445
• Excédent naturel (1)	375	1 696
• Solde migratoire (2)	1 667	1 121
• Variation totale	2 042	2 817
Mouvement (taux pour mille habitants)		
• Taux de natalité	10,5	14,0
• Taux de mortalité	9,7	8,3
• Taux d'accroissement naturel (1)	0,8	5,7
• Taux d'accroissement migratoire (2)	3,6	3,8
• Taux d'accroissement total	4,4	9,5
Indice de fécondité (nombre d'enfants par femme)	1,52	2,05
Espérance de vie à la naissance (années)		
• Hommes	75,8	75,2
• Femmes	82,0	80,4

(1) Différence entre les nombres de naissances et de décès.
(2) Différence entre les entrées et les sorties de migrants.

Sources : Eurostat, US Census Bureau, *National Vital Statistics Reports*.

Natalité et immigration

L'Union européenne est plus d'une fois et demie plus peuplée que les États-Unis en 2005 : 463 millions d'habitants (à 25 pays) contre 296. Mais en 2050, d'après le scénario central des projections des Nations unies, elle pourrait voir sa population repasser sous les 460 millions, alors que les États-Unis en atteindraient 402, soit 100 millions d'habitants de plus qu'aujourd'hui. Entre 2060 et 2070, avec sa configuration à 25, l'Union pourrait même être dépassée par les États-Unis. Si on compte en revanche le surcroît de population apportée par l'entrée de nouveaux membres (notamment les huit pays des Balkans encore aux portes de l'Union en 2008, la Turquie, l'Ukraine et la Géorgie), l'Union pourrait compter plus de 600 millions d'habitants en 2050, soit deux tiers d'habitants en plus que les États-Unis.

Comme les projections démographiques se contentent en général de prolonger les tendances récentes, le rattrapage annoncé de l'Union européenne dans sa configuration à 25 par les États-Unis traduit surtout les différences actuelles. Or en 2005, l'Europe à 25 a vu naître 4,8 millions d'enfants, soit sensiblement plus qu'aux États-Unis (4,1 millions), et son solde migratoire – différence entre les entrées et les sorties de migrants – atteignait 1,7 million, contre 1,1 aux États-Unis. Mais la comparaison n'a de sens que si l'on rapporte le nombre de naissances ou le solde migratoire à l'effectif de la population ; la natalité s'avère alors bien plus faible dans l'Union (10,5 naissances pour 1 000 habitants, contre 14,0 aux États-Unis) et la croissance démographique deux fois moins forte (4,4 pour 1 000 au lieu de 9,5). Sur les vingt dernières années (1990-2009), l'accroissement migratoire européen a été en moyenne de 2,4 pour 1 000, très en dessous du taux américain de 4,2. Au cours de ces vingt années, la population américaine s'est accrue trois fois et demie plus vite que la population européenne, l'accroissement migratoire américain se rajoutant à un accroissement naturel encore important. Côté européen, la population ne s'accroît plus guère que grâce aux migrations.

Europe-États-Unis à périmètre constant

Évolution des populations

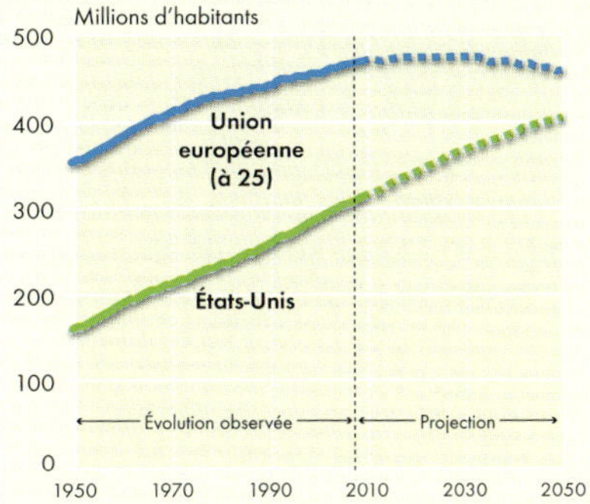

Croissance démographique annuelle moyenne (1990-2009)

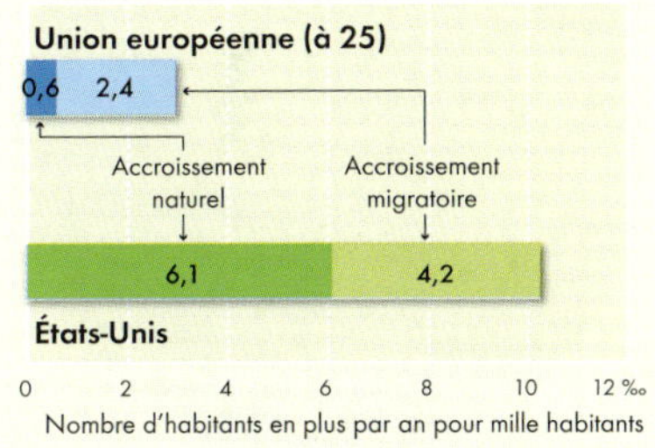

Pyramides des âges en 2005

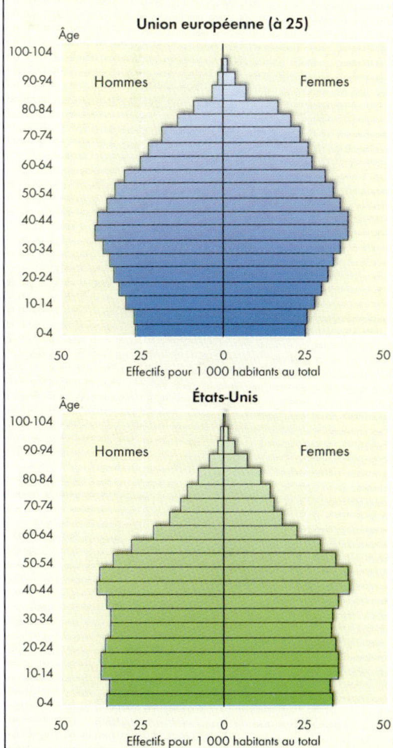

Sources : Eurostat et ONU 2007, *Projections de population mondiale (révision 2006)*.

La Chine et l'Inde comptent respectivement 1,3 et 1,2 milliard d'habitants en 2009, soit près d'un cinquième de la population mondiale chacune. Les populations des deux pays devraient continuer à augmenter, l'Inde dépassant la Chine dans les années 2020 pour devenir le pays le plus peuplé du monde avec peut-être 1,6 milliard d'habitants en 2050, contre seulement 1,4 en Chine. Les raisons de ce dépassement tiennent aux histoires démographiques chinoise et indienne des cinquante dernières années.

CHAQUE JOUR EN CHINE ET EN INDE

- 47 000 enfants naissent en Chine et 75 000 en Inde
- 24 000 personnes meurent en Chine et 26 000 en Inde
- la population augmente en Chine de 22 000 personnes et de 48 000 en Inde.

Inde : de grands contrastes entre le Sud et le Nord

En 1950, la Chine et l'Inde comptaient respectivement 550 et 360 millions d'habitants et la population augmentait rapidement dans les deux pays en raison d'une fécondité élevée, en moyenne 6 enfants par femme. Le gouvernement indien, qui jugeait déjà que la croissance démographique était trop rapide pour un bon développement du pays, a mis en place dès cette époque un programme de planification familiale visant à rendre les contraceptifs accessibles à tous. Il a aussi cherché à élever l'âge au mariage des filles, très précoce dans ce pays. Il a pris ultérieurement d'autres mesures en faveur de la stérilisation et de l'avortement. Mais cette politique n'a pas eu d'effet sur la croissance démographique qui a plutôt augmenté. C'est qu'il ne suffit pas de proposer des contraceptifs pour que la fécondité baisse. Le gouvernement a alors décrété l'état d'urgence en 1975 et organisé des campagnes de stérilisation dont certaines étaient forcées. Mal acceptées, elles ont entraîné la chute du gouvernement.

Malgré ces premiers échecs, la limitation des naissances a cependant fini par se diffuser en Inde, mais de façon progressive et inégale. En 2005, la moitié des couples d'âge fertile étaient stérilisés ou pratiquaient une méthode contraceptive, et les femmes mettaient au monde chacune 3 enfants en moyenne au lieu de 6. Mais les moyennes couvrent de grandes variations d'une région à l'autre. En Inde du Sud, la transition démographique est achevée, la fécondité n'étant par exemple que de 1,8 enfant par femme dans l'État du Kerala. En revanche, elle reste élevée, autour de 4 enfants par femme, voire plus, dans plusieurs États très peuplés du Nord (Uttar Pradesh, Bihar, Madhya Pradesh et Rajasthan). Ces États cumulent les facteurs défavorables par rapport à ceux du Sud : moindre niveau d'instruction, notamment chez les femmes, couverture sanitaire moins développée, engagement politique en faveur du planning familial plus faible et statut des femmes plus précaire.

LA FÉCONDITÉ EN INDE

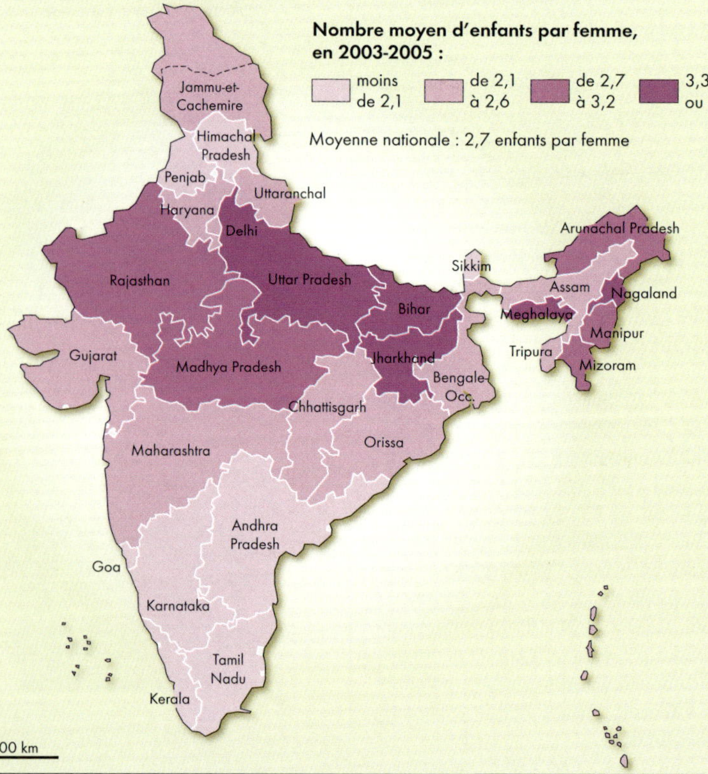

Source : Inde, *National Family Health Survey* (NFHS-3) 2005-2006.

RAPHIQUES D'AUJOURD'HUI

Chine : politique coercitive et désir des familles d'avoir moins d'enfants

Le gouvernement chinois s'est préoccupé plus tardivement que le gouvernement indien de la croissance démographique rapide de sa population. Dans les années 1960, Mao Zedong en était encore à souhaiter une population toujours plus nombreuse. Mais le revirement n'a pas tardé, le gouvernement mettant en place une politique de limitation des naissances au début des années 1970, puis la renforçant ensuite à plusieurs reprises, notamment en 1979 avec la politique de l'enfant unique. La fécondité chinoise a baissé très rapidement, passant de 5,7 enfants en moyenne par femme en 1970 à moins de 3 en 1980. La baisse a continué ensuite jusqu'à 1,6 enfant au début des années 2000.

La politique de l'enfant unique a été efficace, mais il ne faudrait cependant pas lui attribuer tout le mérite de la baisse. Des baisses de fécondité aussi rapides que la baisse chinoise des années 1970 ont été observées dans d'autres pays comme la Thaïlande ou l'Iran, qui n'ont pourtant pas connu de politique coercitive. Les politiques de contrôle des naissances jouent certes un rôle important, mais elles ne sont efficaces que si elles rencontrent le souhait des couples d'avoir moins d'enfants. Si la fécondité chinoise a baissé si vite dans les années 1970, c'est parce que la politique officielle rencontrait le désir des familles d'avoir moins d'enfants. Et si les premières politiques indiennes de contrôle des naissances, dans les années 1950, 1960 et 1970, ont été un échec, c'est en partie parce que les familles n'étaient pas prêtes au changement à l'époque.

LA FÉCONDITÉ EN CHINE

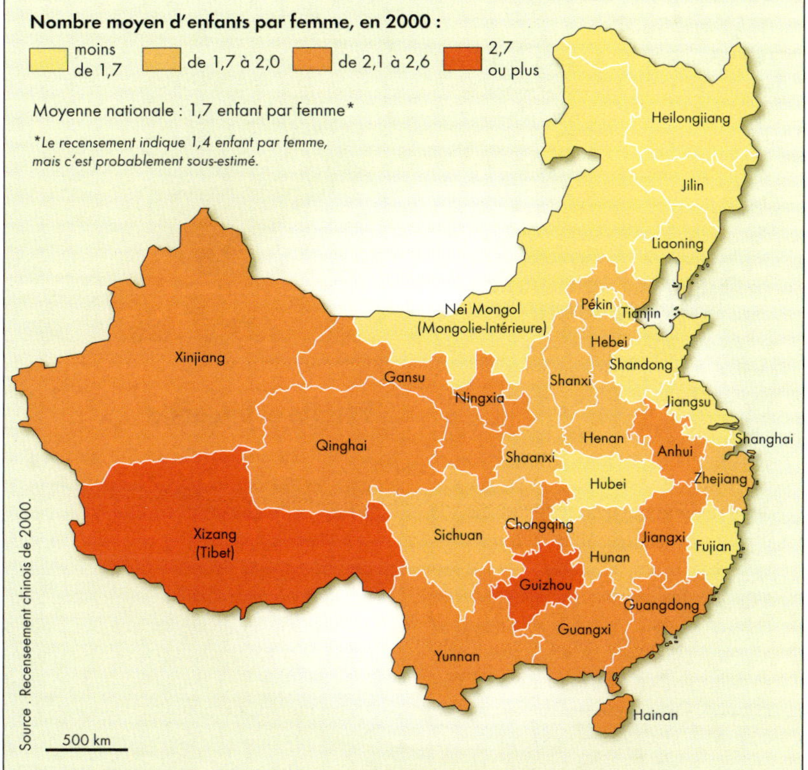

LA FÉCONDITÉ

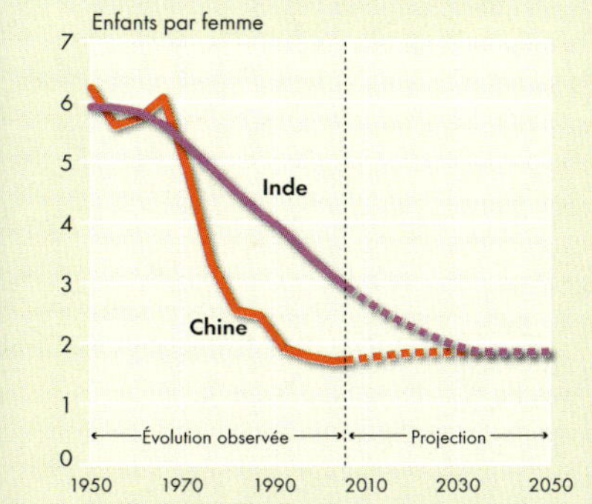

Source : ONU 2007, *Projections de population mondiale (révision 2006).*

LES NAISSANCES

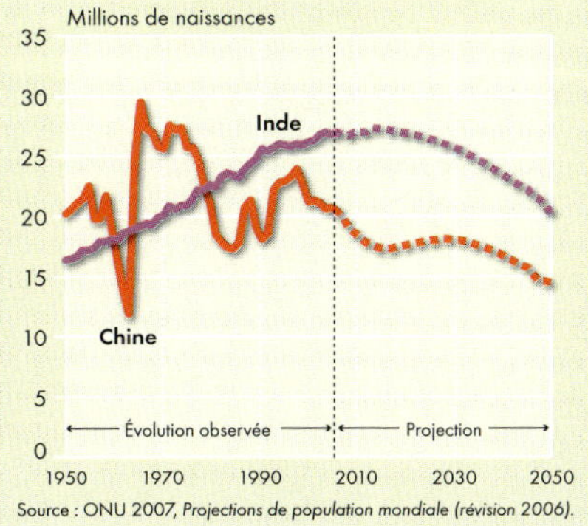

Source : ONU 2007, *Projections de population mondiale (révision 2006).*

LA POPULATION

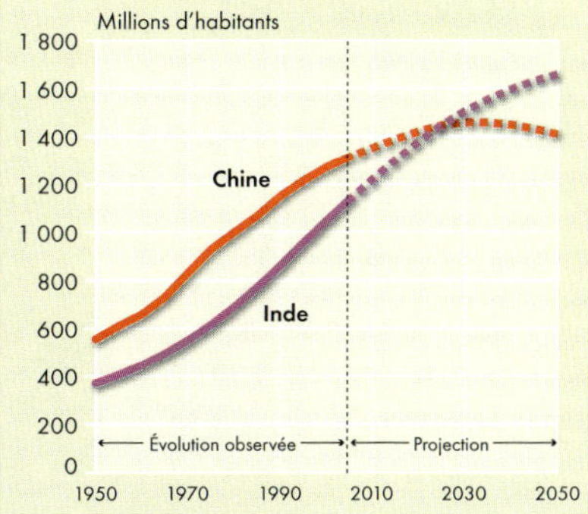

Source : ONU 2007, *Projections de population mondiale (révision 2006).*

La majorité des pays arabes avaient encore une fécondité très élevée dans les années 1970, entre 6 et 8 enfants par femme. Leur niveau de développement économique était appréciable à l'époque et beaucoup de pays d'Asie et d'Amérique latine, à ce niveau, avaient déjà une fécondité basse ou en diminution. La fécondité n'est plus que de 3 enfants et demi en Syrie et en Arabie saoudite en 2005, 2 et demi en Algérie et au Maroc, 2 en Tunisie. Le monde arabe ne fait donc pas exception au grand mouvement mondial de transition démographique, mais il s'y est engagé tardivement. Ce retard tient-il à l'islam, religion dominante dans la région, ou à des facteurs économiques ou politiques ?

L'islam et la limitation des naissances

La contraception est répandue dans de nombreux pays où l'islam domine, en Indonésie par exemple, plus grand pays musulman du monde par la population, où les femmes n'ont que 2,3 enfants en moyenne en 2005. Dans ce pays, les autorités musulmanes ont plutôt soutenu le programme national de planification familiale. En Iran, pays musulman qui ne fait pas partie du monde arabe, la fécondité a chuté de 6,6 enfants par femme en 1980 à 2,2 en 2000, une baisse encore plus importante et plus rapide que celle survenue en Chine une ou deux décennies plus tôt. Une telle baisse a pu surprendre dans un État musulman dirigé par un régime autoritaire. Mais l'administration iranienne n'a rien contre le contrôle des naissances, elle l'a même facilité. Et concernant le rôle des religions, à supposer qu'elles aient une doctrine en la matière, ce qui n'est pas le cas de l'islam, elles ne peuvent aller contre les préférences des couples.

ANALPHABÉTISME

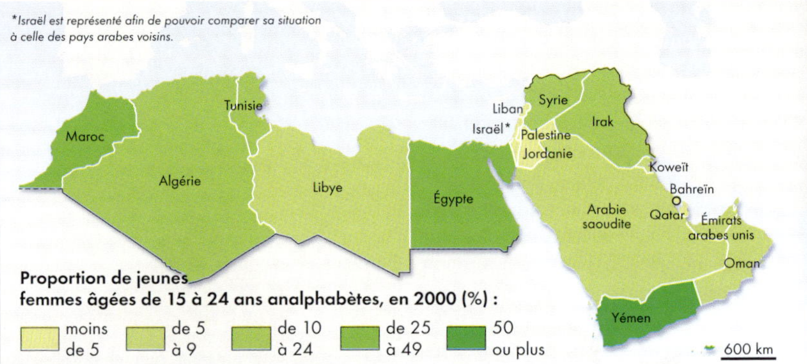

Pétrole et fécondité

Le maintien d'une fécondité élevée dans les pays arabes jusqu'au début des années 1980 tient en partie au pétrole et à la rente qu'il a procurée aux pays producteurs. Celle-ci n'a pas profité qu'aux pays producteurs, elle a aussi bénéficié à l'ensemble des pays arabes amis via l'aide au développement et les envois d'argent des émigrés. Cette manne a permis aux gouvernements arabes de financer le développement économique de leurs pays, notamment dans le domaine de la santé et de l'éducation, et de mener une politique généreuse de subvention de la consommation ayant notamment pour effet d'abaisser le coût de l'enfant. La hausse du niveau d'instruction des femmes aurait pu alors s'accompagner d'une diminution de leur fécondité, via notamment une hausse de leur activité. Mais le conservatisme social a joué le maintien des femmes mariées au foyer, les subventions rendant superflu un revenu complémentaire dans les familles. Le contre-choc pétrolier, dû à la chute du prix du pétrole au milieu des années 1980, s'est accompagné d'une remise en cause de l'État providence, et les conditions de vie se sont dégradées. Les familles nombreuses devenant une charge, les couples se sont mis à limiter leurs naissances. La baisse de la fécondité a été d'autant plus rapide que le choc économique était brutal.

VINGT ANS APRÈS LA CHINE

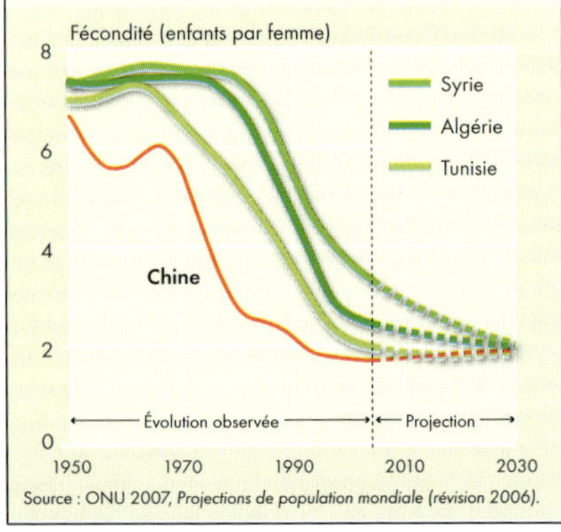

Source : ONU 2007, *Projections de population mondiale (révision 2006)*.

La fin de l'exception palestinienne ?

Les Palestiniennes ont continué à avoir beaucoup d'enfants, celles de Cisjordanie et de Gaza en avaient encore sept à neuf chacune en moyenne au début des années 1990, une fécondité étonnante pour les femmes les plus instruites du monde arabe. Cette anomalie se retrouvait du côté israélien, la guerre ayant engendré de part et d'autre une fécondité de combat. Les Palestiniennes ont longtemps persisté à avoir beaucoup d'enfants – Yasser Arafat les exhortait à avoir douze enfants, deux pour elles-mêmes et dix pour la lutte. Mais les familles palestiniennes se sont mises à limiter leurs naissances à la fin des années 1990, la fécondité étant divisée par deux en moins de dix ans et tombant à 3,7 enfants par femme en 2005 pour l'ensemble de la Palestine, un niveau proche de la norme régionale. Les difficultés économiques ont entraîné une baisse du niveau de vie, et les couples se soucient dorénavant plus de l'avenir de leurs enfants que du combat démographique.

ET FÉCONDITÉ

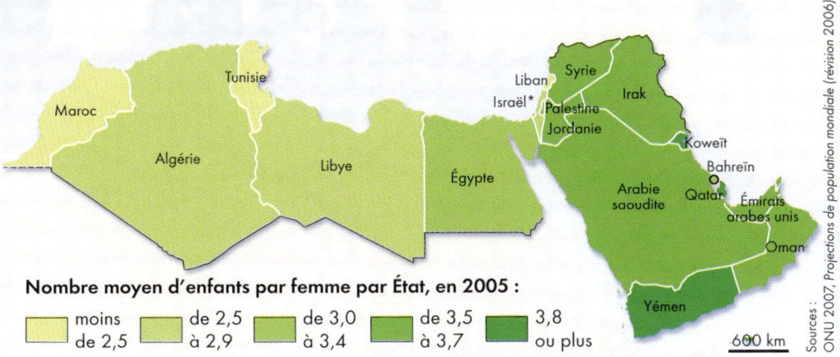

Nombre moyen d'enfants par femme par État, en 2005 : moins de 2,5 ; de 2,5 à 2,9 ; de 3,0 à 3,4 ; de 3,5 à 3,7 ; 3,8 ou plus

Sources : ONU 2007, *Projections de population mondiale (révision 2006)* et Y. Courbage et E. Todd, *Le rendez-vous des civilisations*, Seuil, Paris, 2007.

LE RECUL EN UNE GÉNÉRATION

Recul de l'âge au mariage des femmes

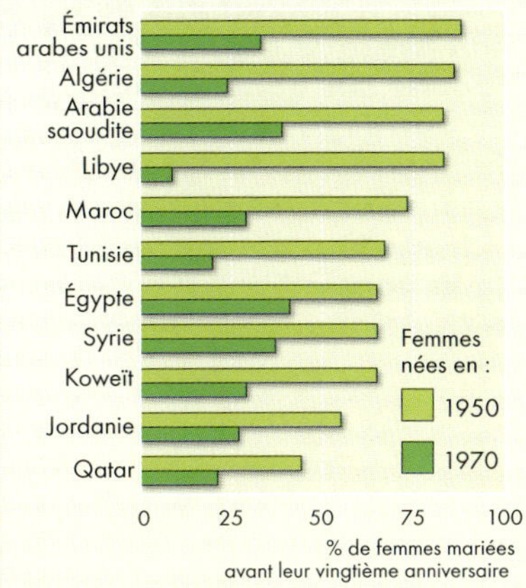

Évolution de la fécondité (1975-2005)

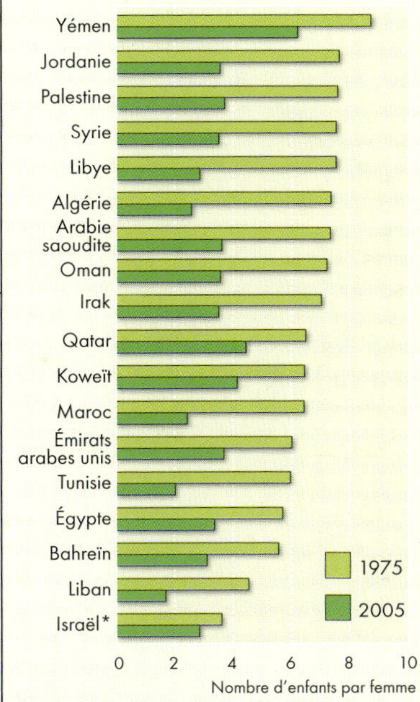

Israël figure dans la liste afin de pouvoir comparer sa situation à celle des pays arabes voisins.

Sources : ONU 2007, *Projections de population mondiale (révision 2006)* ; Y. Courbage et E. Todd, *Le Rendez-vous des civilisations*, Seuil, Paris, 2007 et P. Fargues, *Population et sociétés*, n° 387, 2003.

Le recul du mariage

La forte fécondité arabe venait aussi de ce que les femmes se mariaient très jeunes et que très peu restaient célibataires. Or l'âge au mariage a beaucoup reculé au cours des dernières décennies du XXe siècle. Il est passé de moins de vingt ans à plus de vingt-cinq ans en moyenne chez les femmes entre la génération née en 1950 et celle née en 1970. Il approche trente ans au début du XXIe siècle dans les villes du Maghreb, et une partie des femmes des jeunes générations resteront peut-être définitivement célibataires. Dans des sociétés où les naissances hors mariage restent très rares, le retard du mariage a mécaniquement entraîné une baisse de la fécondité. Cette première phase de baisse a été suivie d'une seconde, liée à la diffusion rapide de la limitation volontaire des naissances chez les couples mariés, notamment lorsque la rente pétrolière a diminué et les conditions de vie sont devenues plus difficiles. L'instruction a progressé de son côté, notamment chez les femmes. Elles sont dorénavant presque aussi instruites que les hommes qu'elles épousent, et elles travaillent de plus en plus fréquemment. Leur statut et leur autorité dans la famille y ont gagné, contribuant à remettre en cause le système patriarcal et la forte fécondité.

CHAQUE JOUR DANS LE MONDE ARABE

- 19 000 enfants naissent
- 4 200 personnes meurent
- il sort 300 personnes de plus qu'il n'en rentre par migration
- la population augmente de 14 500 personnes.

L'AFRIQUE : UN FORMIDABLE ESSOR DÉM

Malgré l'épidémie de sida, la population de l'Afrique augmente rapidement, quoique à un rythme plus faible que s'il n'y avait pas eu d'épidémie. Elle devrait malgré tout presque tripler d'ici un siècle et abriter alors un homme sur quatre, contre un sur huit aujourd'hui. Comme les autres continents, elle ne devrait pas échapper à la diminution de sa fécondité – déjà effective au Nord, à peine amorcée au Sud – ainsi qu'aux conséquences de la transition démographique, notamment le vieillissement de la population. Mais engagée plus tardivement dans la transition, elle connaîtra le vieillissement plus tard.

POPULATION DE L'AFRIQUE DU SUD

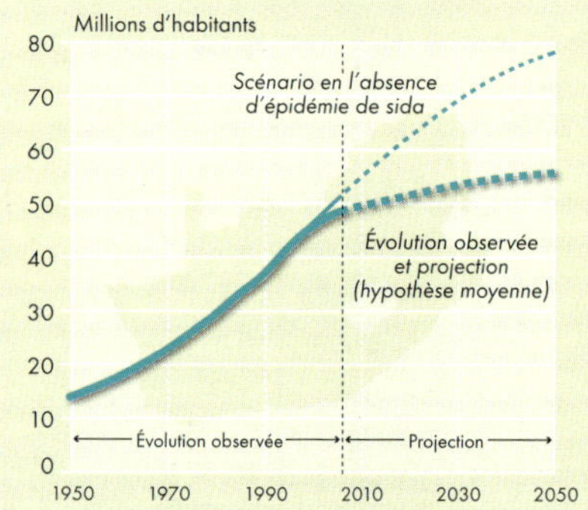

Source : ONU 2007, *Projections de population mondiale (révision 2006)*.

L'ÉVOLUTION DE L'ESPÉRANCE DE VIE

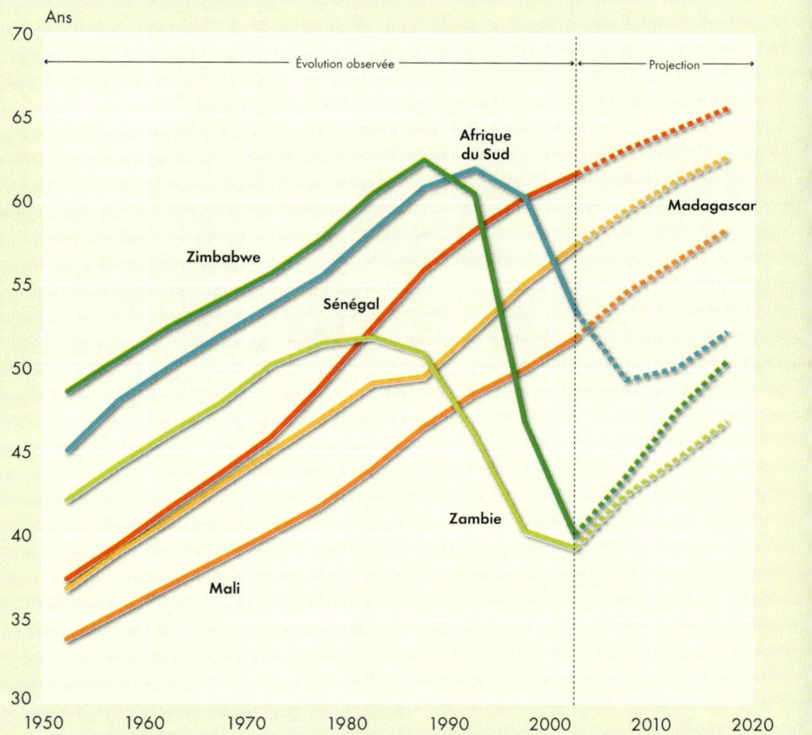

Source : ONU 2007, *Projections de population mondiale (révision 2006)*.

La population de l'Afrique pourrait tripler en cent ans

L'évolution future de la fécondité en Afrique au sud du Sahara reste mal connue, la singularité de ce continent, avec une transition nettement plus tardive qu'ailleurs, apparaissant bien lorsqu'on compare les évolutions dans les différents continents. La baisse de la fécondité, amorcée dans les années 1980 dans quelques pays d'Afrique australe et orientale, se diffuse lentement ailleurs, et touche les villes plus que les campagnes, où vit la majorité de la population. Le Ghana a été le premier pays d'Afrique de l'Ouest à connaître une diminution sensible de sa fécondité – elle a baissé de deux enfants par femme en dix ans, passant de 6,4 à 4,4 entre 1987 et 1997. Mais la baisse semble s'être arrêtée depuis la fin des années 1990 sans qu'on en comprenne bien les raisons. Il en est de même au Kenya, également pionnier en la matière en Afrique de l'Est. Après avoir baissé de 8,1 enfants à 4,7 entre la fin des années 1970 et le milieu des années 1990, la fécondité semble ne plus avoir diminué depuis. Il n'est cependant pas exclu que cette pause ne soit qu'un artefact lié à l'imperfection des enquêtes. Mais si les changements étaient finalement plus lents que ceux imaginés dans la projection moyenne des Nations unies, la population de l'Afrique subsaharienne pourrait être multipliée par plus de trois au cours de ce siècle et continuer à augmenter sensiblement au cours du XXIIe siècle.

OGRAPHIQUE MALGRÉ LE SIDA

L'INFECTION PAR LE VIRUS DU SIDA (VIH) EN AFRIQUE EN 2007

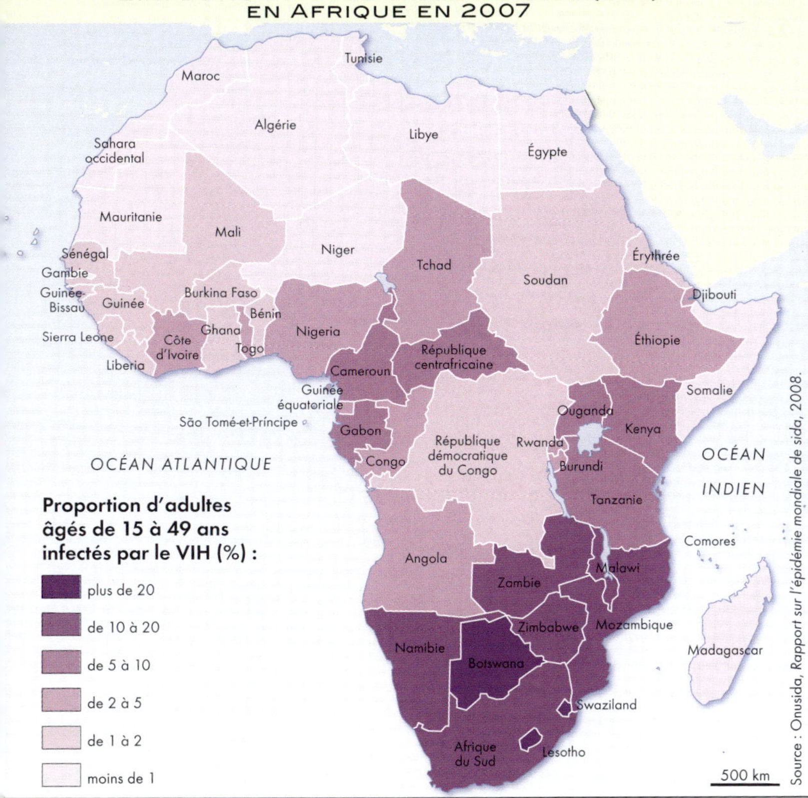

Source : Onusida, *Rapport sur l'épidémie mondiale de sida*, 2008.

CHAQUE JOUR EN AFRIQUE

- 93 000 enfants naissent
- 34 000 personnes meurent
- il sort 1 000 personnes de plus qu'il n'en rentre par migration
- la population augmente de 58 000 personnes.

A POPULATION SUDAFRICAINE AVEC ET SANS SIDA

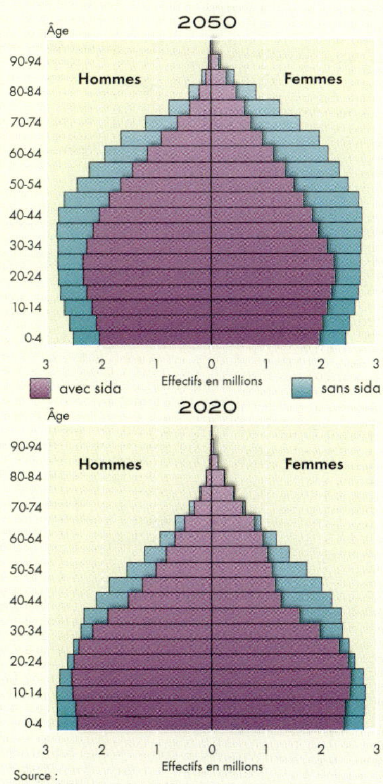

Source :
ONU 2007, *Projections de population mondiale (révision 2006).*

L'impact démographique du sida

L'un des grands changements démographiques mondiaux à venir est le formidable accroissement de la population de l'Afrique qui, Afrique du Nord comprise, devrait presque tripler d'ici un siècle, passant de 800 millions d'habitants en 2000 à 2,3 milliards en 2100. Alors qu'un homme sur huit vit aujourd'hui en Afrique, ce sera probablement un sur quatre dans un siècle. L'accroissement devrait être particulièrement important en Afrique au sud du Sahara où la population devrait passer d'un peu plus de 600 millions d'habitants en 2000 à près de 2 milliards en 2100.

Comment est-ce possible alors que cette région est ravagée par l'épidémie de sida, beaucoup pensant que sa population va plutôt disparaître ou du moins régresser fortement ? L'Afrique au sud du Sahara est bien, de loin, la région du monde la plus touchée par l'épidémie : d'après Onusida, en 2007, alors que sa population ne représentait que 12 % de l'ensemble mondial, elle concentrait les deux tiers des personnes infectées par le virus dans le monde (33 millions, dont 22 en Afrique au sud du Sahara) et les trois quarts des décès annuels dus au sida (2,1 millions, dont 1,6 en Afrique au sud du Sahara). 5 % des adultes de 15-49 ans y étaient infectés, alors que dans le reste du monde, la proportion était de 0,3 % (et dans l'ensemble du monde, Afrique comprise, 0,8 %). La mortalité a augmenté dans l'ensemble de l'Afrique au sud du Sahara, et l'espérance de vie a diminué. Mais la fécondité y est encore très élevée, assurant un excédent des naissances sur les décès encore important malgré la hausse de la mortalité.

Les démographes prennent bien en compte dans leurs projections la hausse actuelle de la mortalité en Afrique au sud du Sahara tout en anticipant un retour progressif à une meilleure situation au fur et à mesure des progrès dans la lutte contre l'épidémie. Le lourd tribut payé par l'Afrique à l'épidémie de sida n'aura au total guère remis en cause sa vitalité démographique, et même avec une croissance un temps ralentie, elle ne devrait pas échapper à un triplement de sa population d'ici un siècle comme déjà mentionné. Quand on sait la difficulté de la plupart des pays africains à rattraper leur écart de développement avec le reste du monde, cette multiplication de leur population est un véritable défi.

Quel avenir pour l'humanité ?

À COURT TERME : UNE VOIE EN GRANDE PARTIE TRACÉE. Les projections démographiques sont relativement sûres lorsqu'il s'agit d'annoncer l'effectif de la population à court terme : pour un démographe, les dix, vingt ou trente prochaines années. La plupart des hommes qui vivront alors sont en effet déjà nés, on connaît leur nombre et on peut estimer sans trop d'erreurs la part de ceux qui ne seront plus en vie. Pour ce qui est des nouveau-nés qui viendront s'ajouter, leur nombre peut également être estimé car les femmes qui mettront au monde des enfants dans les vingt prochaines années sont déjà nées, on connaît leur effectif et on peut faire également une hypothèse sur le nombre d'enfants qu'elles auront, là aussi sans trop d'erreurs.

À LONG TERME : L'EXPLOSION, L'IMPLOSION OU L'ÉQUILIBRE ? Au-delà des cinquante prochaines années, l'avenir est en revanche plein d'interrogations, sans modèle sur lequel s'appuyer. Celui de la transition démographique, qui a fait ses preuves pour les évolutions des deux derniers siècles, ne nous est plus guère utile pour le futur. L'une des grandes incertitudes porte sur la fécondité. Si la famille de très petite taille devient un modèle se répandant dans l'ensemble du monde de façon durable, avec une fécondité moyenne en dessous de deux enfants par femme, la population mondiale, après avoir atteint un maximum de neuf milliards d'habitants, diminuerait inexorablement jusqu'à l'extinction à terme. Mais un autre scénario est possible : la fécondité remonterait dans les pays où elle est très basse pour se stabiliser à l'échelle mondiale au-dessus de deux enfants. La conséquence en serait une croissance ininterrompue et, à nouveau, la disparition de l'espèce à terme, mais cette fois par surnombre. Si l'on ne se résout pas aux scénarios catastrophes de fin de l'humanité, par implosion ou par explosion, il faut imaginer un scénario de retour à terme à l'équilibre.

LES MODES DE VIE : PLUS IMPORTANTS QUE LE NOMBRE DES HOMMES. Les hommes doivent certes dès maintenant réfléchir à l'équilibre à trouver à long terme, mais l'urgence est au court terme – les cinquante prochaines années. Les évolutions sont, comme nous l'avons vu, en grande partie tracées : le nombre des hommes devrait encore croître jusqu'à atteindre sans doute neuf milliards dans un demi-siècle, mais il ne devrait alors plus guère augmenter. Les défis des cinquante prochaines années sont d'accueillir les deux à trois milliards d'habitants supplémentaires tout en anticipant le vieillissement démographique généralisé. Ils sont aussi de mieux gérer les ressources de la planète et de les partager de façon plus équitable. La survie de l'espèce humaine dépend sans doute moins du nombre des hommes que de leur mode de vie.

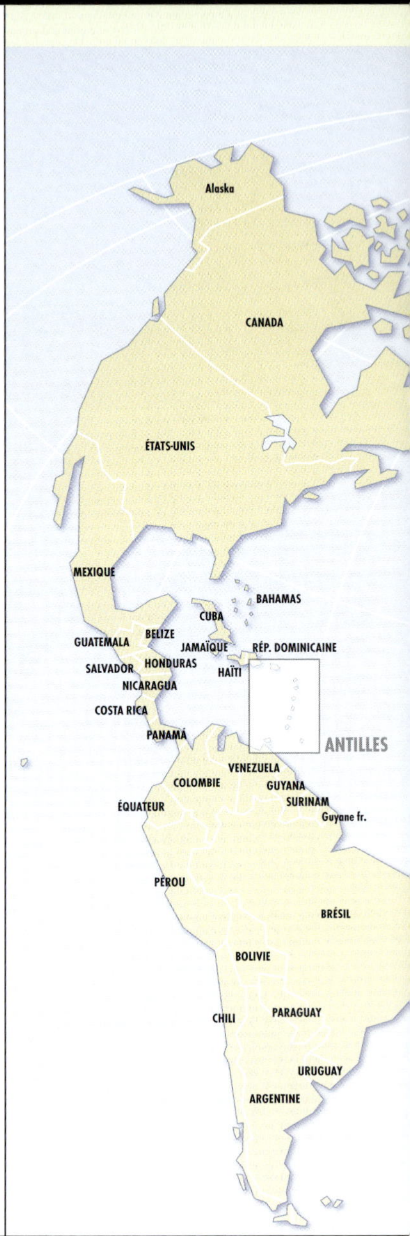

ANTILLES

LOCALISATION DES PAYS

AFRIQUE DE L'OUEST

EUROPE

MOYEN-ORIENT

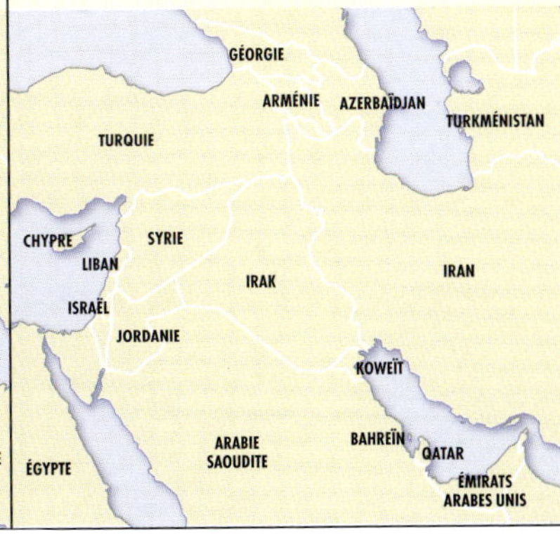

LES 10 PAYS LES PLUS...

Les tableaux de la page 72 présentent le classement des premiers pays en fonction de huit critères. La ligne jaune sépare les pays dont le cumul dépasse la moitié du total mondial, indiqué en bas de chaque tableau. Par exemple, les sept pays les plus peuplés (Chine, Inde, États-Unis, Indonésie, Brésil, Pakistan, Bangladesh) totalisent 3,4 milliards d'habitants, plus de la moitié du total mondial, estimé à 6,6 milliards.

Les tableaux de la page 73 présentent chacun une sélection de pays illustrant la diversité des situations pour l'indicateur considéré.

Superficie (en milliers de km²)

1	Russie	17 098
2	Canada	9 971
3	États-Unis	9 629
4	Chine	9 561
5	Brésil	8 515
6	Australie	7 741
	Union européenne (27)	**4 333**
7	Inde	3 287
8	Argentine	2 780
9	Kazakhstan	2 725
10	Soudan	2 506
47	*France (métropolitaine)*	*552*
	MONDE	136 137

Les plus peuplés (estimation en 2007, en millions d'habitants)

1	Chine	1 318,0
2	Inde	1 131,9
	Union européenne (27)	**495,5**
3	États-Unis	302,2
4	Indonésie	231,6
5	Brésil	189,3
6	Pakistan	169,3
7	Bangladesh	149,0
8	Nigeria	144,4
9	Russie	141,7
10	Japon	127,7
21	*France (métropolitaine)*	*61,7*
	MONDE	6 624,5

Les plus peuplés (projection en 2025, en millions d'habitants)

1	Chine	1 476
2	Inde	1 391
	Union européenne (27)	**499**
3	États-Unis	349
4	Indonésie	271
5	Brésil	229
6	Pakistan	229
7	Nigeria	205
8	Bangladesh	190
9	Russie	128
10	Mexique	125
21	*France (métropolitaine)*	*66*
	MONDE	7 965

Nombre de naissances annuelles (en milliers)

1	Inde	26 939
2	Chine	15 934
3	Nigeria	6 167
	Union européenne (27)	**5 215**
4	Pakistan	5 197
5	Indonésie	4 795
6	États-Unis	4 291
7	Bangladesh	4 053
8	Brésil	3 908
9	Congo (Rép. dém. du) (ex-Zaïre)	3 107
10	Éthiopie	3 070
32	*France (métropolitaine)*	*802*
	MONDE	137 983

Nombre de décès annuels (en milliers)

1	Chine	8 975
2	Inde	8 602
	Union européenne (27)	**4 792**
3	Nigeria	2 528
4	États-Unis	2 448
5	Russie	2 154
6	Indonésie	1 529
7	Pakistan	1 354
8	Bangladesh	1 252
9	Congo (Rép. dém. du) (ex-Zaïre)	1 209
10	Brésil	1 195
20	*France (métropolitaine)*	*537*
	MONDE	56 715

Décès annuels d'enfants de moins d'un an (en milliers)

1	Inde	1 562
2	Nigeria	617
3	Chine	433
4	Pakistan	405
5	Congo (Rép. dém. du) (ex-Zaïre)	372
6	Bangladesh	263
7	Afghanistan	249
8	Éthiopie	236
9	Indonésie	163
10	Tanzanie	122
	Union européenne (27)	**24**
95	*France (métropolitaine)*	*3*
	MONDE	7 144

Revenu national brut PPA* en 2005 (en milliards de dollars)

	Union européenne (27)	**13 018**
1	États-Unis	12 677
2	Chine	8 699
3	Japon	4 012
4	Inde	3 916
5	Allemagne	2 403
6	Royaume-Uni	1 993
7	***France (métropolitaine)***	***1 885***
8	Italie	1 711
9	Brésil	1 558
10	Russie	1 507
	MONDE	60 668

Nombre de personnes de 15-49 ans infectées par le VIH fin 2005 (en millions)

1	Afrique du Sud	5,0
2	Nigeria	2,6
3	Inde	2,1
4	Mozambique	1,6
5	Zimbabwe	1,2
6	Tanzanie	1,2
7	Kenya	1,1
8	États-Unis	0,9
9	Congo (Rép. dém. du) (ex-Zaïre)	0,9
10	Zambie	0,9
	Union européenne (27)	**0,6**
41	*France (métropolitaine)*	*0,1*
	MONDE	29,3

* Revenu national brut en parité du pouvoir d'achat, en dollars US.

Sauf mention contraire, ces chiffres concernent l'année 2007.

Source : Gilles Pison, « Tous les pays du monde (2007) », *Population et sociétés*, n° 436, juillet-août 2007.

LES GRANDS CONTRASTES

Proportion de personnes de 15-49 ans infectées par le VIH fin 2005 (en %)

1	Swaziland	26
5	Afrique du Sud	19
12	Tanzanie	7
17	Côte d'Ivoire	5
52	Russie	1,1
	MONDE	**0,9**
62	Sénégal	0,7
64	États-Unis	0,6
71	Brésil	0,5
78	***France (métropolitaine)***	***0,4***
82	Inde	0,4
	Union européenne (27)	**0,3**
105	Chine	0,1

Densité (habitants/km²)

1	Chine - Macao	20 346
6	Bangladesh	1 035
17	Pays-Bas	394
23	Inde	344
40	VietNam	257
62	Chine	138
	Union européenne (27)	**114**
75	***France (métropolitaine)***	***112***
106	Maroc	71
	MONDE	**49**
151	États-Unis	31
190	Russie	8
201	Australie	3

Taux de mortalité infantile (décès d'enfants de moins d'un an pour 1 000 naissances vivantes)

1	Islande	2
3	Japon	3
16	***France (métropolitaine)***	***4***
	Union européenne (27)	**5**
42	États-Unis	7
66	Russie	10
102	Mexique	21
125	Algérie	30
	MONDE	**52**
145	Inde	58
172	Madagascar	79
184	Nigeria	100
200	Afghanistan	166

Espérance de vie à la naissance (en années, sexes confondus)

1	Japon	82
8	***France (métropolitaine)***	***81***
12	Espagne	80
	Union européenne (27)	**79**
38	États-Unis	78
88	Chine	72
100	Thaïlande	71
	MONDE	**68**
137	Russie	65
159	Haïti	58
177	Afrique du Sud	51
196	Afghanistan	42
200	Zimbabwe	37

Taux d'accroissement naturel (annuel, en %)

1	Niger	3,4
4	Yémen	3,2
9	Congo (Rép. dém. du) (ex-Zaïre)	3,0
36	Nigeria	2,5
70	Bangladesh	1,9
102	Indonésie	1,4
	MONDE	**1,2**
119	Tunisie	1,1
147	États-Unis	0,6
159	***France (métropolitaine)***	***0,4***
168	Royaume-Uni	0,3
	Union européenne (27)	**0,1**
185	Japon	0,0
204	Ukraine	- 0,6

Indice synthétique de fécondité (nombre d'enfants par femme)

1	Niger	7,1
14	Burkina Faso	6,2
32	Côte d'Ivoire	5,0
56	Haïti	4,0
75	Égypte	3,1
	MONDE	**2,7**
114	Brésil	2,3
131	États-Unis	2,1
140	***France (métropolitaine)***	***2,0***
166	Chine	1,6
	Union européenne (27)	**1,5**
189	Japon	1,3
202	Corée du Sud	1,1

Indice de jeunesse (proportion de moins de 15 ans, en %)

1	Ouganda	50
3	Mali	48
36	Irak	42
71	Philippines	35
	MONDE	**28**
124	Liban	27
152	États-Unis	20
167	***France (métropolitaine)***	***18***
180	Pologne	16
	Union européenne (27)	**16**
193	Russie	15
197	Allemagne	14
205	Bulgarie	13

Indice de vieillissement (proportion de 65 ans ou plus, en %)

1	Japon	21
2	Italie	20
3	Allemagne	19
	Union européenne (27)	**17**
16	***France (métropolitaine)***	***16***
31	Russie	14
42	États-Unis	12
71	Chine	8
	MONDE	**7**
95	Turquie	6
153	Cambodge	3
197	Kenya	2
205	Émirats arabes unis	1

Indice de population d'âge actif (proportion de 15-64 ans, en %)

1	Émirats arabes unis	79
7	Chine	72
12	Russie	71
46	Tunisie	68
	Union européenne (27)	**67**
66	Iran	67
80	Algérie	66
93	***France (métropolitaine)***	***65***
95	Japon	65
	MONDE	**65**
117	Argentine	63
140	Arabie saoudite	59
205	Ouganda	47

Revenu national brut PPA* par habitants en 2005 (en dollars)

1	Luxembourg	65 340
2	États-Unis	41 950
3	Norvège	40 420
15	Japon	31 410
18	***France (métropolitaine)***	***30 540***
	Union européenne (27)	**26 300**
32	République tchèque	20 140
52	Russie	10 640
	MONDE	**9 470**
78	Chine	6 600
107	Inde	3 460
135	Sénégal	1 770
154	Madagascar	880

* Revenu national brut en parité du pouvoir d'achat, en dollars US.

Sauf mention contraire, ces chiffres concernent l'année 2007.

Source : Gilles Pison, « Tous les pays du monde (2007) », *Population et sociétés*, n° 436, juillet-août 2007.

TOUS LES PAYS DU MONDE

PAYS ou entité	Population mi-2007 *en millions*	Taux de natalité *pour 1000 habitants*	Taux de mortalité *pour 1000 habitants*	Projection population *en 2025 en millions*	Taux de mortalité infantile *pour 1000 naissances*	Indice synthétique de fécondité *enfants par femme*	Espérance de vie à la naissance hommes *en années*	Espérance de vie à la naissance femmes *en années*	RNB PPA[1] par habitant *en 2005 en dollars US*	Proportion (%) 15-49 ans infectés par le virus VIH *fin 2005*
MONDE	**6 625**	**21**	**9**	**7 965**	**52**	**2,7**	**66**	**70**	**9 470**	**0,9**
AFRIQUE	**944**	**38**	**14**	**1 359**	**86**	**5,0**	**52**	**54**	**2 510**	**4,5**
AFRIQUE SEPTENTRIONALE	**195**	**26**	**7**	**253**	**42**	**3,1**	**67**	**70**	**4 540**	**0,4**
Algérie	34,1	21	4	43,2	30	2,4	71	74	6 770	0,1
Égypte	73,4	27	6	95,9	33	3,1	68	73	4 440	0,05
Libye	6,2	24	4	8,1	21	3,0	71	76	---	---
Maroc	31,7	21	6	38,9	38	2,4	68	72	4 360	0,1
Sahara occidental	0,48	28	8	0,78	49	2,9	63	67	---	---
Soudan	38,6	33	11	54,3	69	4,5	56	59	2 000	1,6
Tunisie	10,2	17	6	12,1	20	2,0	72	76	7 900	0,1
AFRIQUE OCCIDENTALE	**283**	**42**	**15**	**419**	**98**	**5,7**	**50**	**51**	**1 290**	**3,0**
Bénin	9,0	42	12	14,5	98	5,7	54	57	1 110	1,2
Burkina Faso	14,8	45	15	23,7	81	6,2	49	52	1 220	2,0
Cap-Vert	0,49	30	5	0,69	28	3,5	68	74	6 000	---
Côte d'Ivoire	20,2	38	14	27,4	104	5,0	49	53	1 490	4,7
Gambie	1,5	38	11	2,2	75	5,1	57	59	1 920	2,4
Ghana	23,0	33	10	33,1	59	4,4	58	59	2 370	2,3
Guinée	10,1	42	14	15,7	113	5,7	52	55	2 240	1,5
Guinée-Bissau	1,7	50	19	2,9	117	7,1	44	48	700	3,8
Liberia	3,8	50	19	6,8	138	6,8	44	46	---	---
Mali	12,3	48	16	20,6	96	6,6	51	55	1 000	1,3
Mauritanie	3,1	35	9	4,5	74	4,8	61	64	2 150	0,7
Niger	14,2	48	15	26,3	126	7,1	57	55	800	0,7
Nigeria	144,4	43	18	204,9	100	5,9	46	47	1 040	3,9
Sénégal	12,4	39	10	18,0	61	5,3	60	64	1 770	0,7
Sierra Leone	5,3	48	23	7,6	158	6,1	48	49	780	1,6
Togo	6,6	38	10	9,9	91	5,1	56	60	1 550	3,2
AFRIQUE ORIENTALE	**294**	**41**	**15**	**438**	**83**	**5,5**	**48**	**49**	**1130**	**6,2**
Burundi	8,5	46	16	15,0	107	6,8	47	50	640	3,3
Comores	0,71	37	7	1,0	59	4,9	62	66	2 000	---
Djibouti	0,83	30	12	1,1	67	4,2	53	55	2 240	3,1
Érythrée	4,9	40	10	7,7	59	5,3	54	59	1 010	2,4
Éthiopie	77,1	40	15	108,7	77	5,4	48	50	1 000	1,4
Kenya	36,9	40	12	51,3	77	4,9	53	53	1 170	6,1
Madagascar	18,3	40	12	28,2	79	5,2	55	59	880	0,5
Malawi	13,1	46	18	20,6	96	6,3	40	40	650	12,7
Maurice	1,3	14	7	1,4	14	1,7	69	76	12 450	0,6
Mayotte	0,20	39	3	0,33	---	4,5	72	76	---	---
Mozambique	20,4	41	20	27,5	108	5,4	42	44	1 170	16,1
Ouganda	28,5	48	16	55,9	83	6,7	47	47	1 500	6,7
Réunion	0,80	19	6	0,98	7	2,4	72	80	---	---
Rwanda	9,3	43	16	14,6	86	6,1	47	48	1 320	3,1
Seychelles	0,09	17	8	0,10	11	2,1	67	77	15 940	---
Somalie	9,1	46	17	14,9	117	6,8	46	50	---	0,9
Tanzanie	38,7	40	15	57,4	78	5,4	49	51	730	6,5
Zambie	11,5	41	22	14,8	100	5,5	38	37	950	17,0
Zimbabwe	13,3	31	21	16,0	60	3,8	38	37	1 940	18,1
AFRIQUE CENTRALE	**118**	**46**	**18**	**191**	**113**	**6,3**	**45**	**47**	**1320**	**3,9**
Angola	16,3	49	22	26,2	141	6,8	39	43	2 210	3,7
Cameroun	18,1	37	14	25,5	74	4,9	50	51	2 150	5,4
Centrafricaine (République)	4,3	38	19	5,8	102	5,0	42	45	1 140	6,2
Congo	3,8	41	14	6,2	75	5,3	51	53	810	5,3
Congo (Rép. dém. du) (ex-Zaïre)	62,6	50	19	107,5	120	6,7	44	46	720	3,2
Gabon	1,3	28	12	1,7	62	3,4	56	58	5 890	7,9
Guinée équatoriale	0,51	40	16	0,77	101	5,6	48	51	7 580	3,2
São Tomé-et-Principe	0,16	35	8	0,21	77	4,1	63	66	---	---
Tchad	10,8	47	16	17,5	102	6,5	49	52	1 470	3,5

PAYS ou entité	Population mi-2007 *en millions*	Taux de natalité *pour 1000 habitants*	Taux de mortalité *pour 1000 habitants*	Projection population *en 2025 en millions*	Taux de mortalité infantile *pour 1000 naissances*	Indice synthétique de fécondité *enfants par femme*	Espérance de vie à la naissance hommes *en années*	Espérance de vie à la naissance femmes *en années*	RNB PPA[1] par habitant *en 2005 en dollars US*	Proportion (%) 15-49 ans infectés par le virus VIH *fin 2005*
AFRIQUE AUSTRALE	55	24	16	58	46	2,8	48	51	11 470	19,3
Afrique du Sud	47,9	23	15	51,5	43	2,7	49	53	12 120	18,8
Botswana	1,8	26	27	1,7	56	3,1	35	33	10 250	24,1
Lesotho	1,8	28	25	1,7	91	3,5	35	36	3 410	23,2
Namibie	2,1	27	13	2,6	55	3,6	50	53	7 910	19,6
Swaziland	1,1	28	29	1,0	73	3,6	33	34	5 190	25,9
AMÉRIQUE	**904**	**19**	**7**	**1 078**	**19**	**2,3**	**72**	**78**	**20 600**	**0,6**
AMÉRIQUE SEPTENTRIONALE	**335**	**14**	**8**	**387**	**6**	**2,0**	**75**	**81**	**40 990**	**0,6**
Canada	32,9	11	7	37,6	5	1,5	78	83	32 220	0,3
États-Unis	302,2	14	8	349,4	7	2,1	75	80	41 950	0,6
AMÉRIQUE CENTRALE	**148**	**23**	**5**	**181**	**23**	**2,7**	**72**	**77**	**8 630**	**0,5**
Belize	0,31	27	5	0,43	25	3,3	67	74	6 740	2,5
Costa Rica	4,5	16	4	5,6	10	1,9	77	81	9 680	0,3
Guatemala	13,4	34	6	19,9	34	4,4	66	73	4 410	0,9
Honduras	7,1	27	6	9,7	23	3,3	67	74	2 900	1,5
Mexique	106,5	21	5	124,7	21	2,4	73	78	10 030	0,3
Nicaragua	5,6	28	5	7,5	26	3,2	68	74	3 650	0,2
Panama	3,3	20	4	4,2	15	2,4	73	78	7 310	0,9
Salvador	6,9	25	6	9,0	25	2,9	68	74	5 120	0,9
CARAÏBES	**40**	**19**	**8**	**46**	**32**	**2,5**	**69**	**73**	---	**1,2**
Antigua-et-Barbuda	0,09	21	6	0,09	20	2,3	70	74	11 700	---
Antilles néerlandaises	0,20	13	8	0,22	9	1,8	72	79	---	---
Aruba	0,10	12	5	0,11	3	2,0	76	83	---	---
Bahamas	0,33	16	7	0,40	13	1,9	69	74	---	3,3
Barbade	0,28	14	8	0,29	14	1,9	73	79-	---	1,5
Caymans (îles)	0,05	15	4	0,07	8	2,1	77	82	---	---
Cuba	11,2	11	8	11,5	6	1,5	75	79	---	0,1
Dominicaine (République)	9,4	24	5	11,9	30	2,9	71	74	7 150	1,1
Dominique	0,07	24	7	0,08	22	3,0	71	77	5 560	---
Grenade	0,10	19	7	0,10	17	2,1	63	66	7 260	---
Guadeloupe	0,47	16	6	0,50	7	2,2	75	82	---	---
Haïti	9,0	29	11	11,5	57	4,0	56	60	1 840	2,2
Jamaïque	2,7	17	6	3,0	24	2,1	70	75	4 110	1,5
Martinique	0,41	13	7	0,41	5	2,0	76	82	---	---
Porto Rico	3,9	13	7	4,1	9	1,7	74	83	---	----
Sainte Lucie	0,17	15	7	0,20	19	1,7	72	77	5 980	---
Saint-Vincent-et-les Grenadines	0,11	18	7	0,12	18	2,0	69	73	6 460	---
Saint-Kitts-et-Nevis	0,05	18	9	0,06	15	2,3	68	72	12 500	---
Trinité-et-Tobago	1,4	14	8	1,5	15	1,6	67	71	13 170	2,6
Vierges (îles)	0,11	15	6	0,11	3	2,3	75	83	---	---
AMÉRIQUE DU SUD	**381**	**21**	**6**	**463**	**24**	**2,4**	**69**	**76**	**8220**	**0,5**
Argentine	39,4	19	8	46,4	14	2,5	71	79	13 920	0,6
Bolivie	9,8	29	8	13,3	51	3,7	63	67	2 740	0,1
Brésil	189,3	21	6	228,9	27	2,3	68	76	8 230	0,5
Chili	16,6	15	5	19,1	8	2,0	75	81	11 470	0,3
Colombie	46,2	20	6	55,6	19	2,4	69	76	7 420	0,6
Équateur	13,5	26	6	17,5	25	3,1	72	78	4 070	0,3
Guyana	0,76	21	9	0,82	48	2,7	63	68	4 230	2,4
Guyane (française)	0,21	31	4	0,29	10	4,0	72	79	---	----
Paraguay	6,1	27	6	8,0	36	3,5	69	73	4 970	0,4
Pérou	27,9	21	6	34,1	24	2,5	68	73	5 830	0,6
Surinam	0,50	21	7	0,53	20	2,5	66	73	-	1,9
Uruguay	3,3	15	9	3,5	15	2,1	72	79	9 810	0,5
Venezuela	27,5	22	5	35,2	18	2,7	70	76	6 440	0,7
ASIE	**4 010**	**19**	**7**	**4 768**	**48**	**2,4**	**67**	**70**	**6 210**	**0,2**
ASIE OCCIDENTALE	223	26	6	292	41	3,4	68	72	8 940	---
Arabie saoudite	27,6	30	3	35,7	16	4,1	73	77	14 740	---

TOUS LES PAYS DU MONDE

PAYS ou entité	Population mi-2007 *en millions*	Taux de natalité *pour 1000 habitants*	Taux de mortalité *pour 1000 habitants*	Projection population *en 2025 en millions*	Taux de mortalité infantile *pour 1000 naissances*	Indice synthétique de fécondité *enfants par femme*	Espérance de vie à la naissance hommes *en années*	Espérance de vie à la naissance femmes *en années*	RNB PPA[1] par habitant *en 2005 en dollars US*	Proportion (%) 15-49 ans infectés par le virus VIH *fin 2005*
Arménie	3,0	15	9	3,4	26	1,7	67	75	5 060	0,1
Azerbaïdjan	8,6	18	6	9,7	10	2,1	70	75	4 890	0,05
Bahreïn	0,76	21	3	0,98	9	2,6	73	75	21 290	---
Chypre	1,0	12	6	1,1	6	1,5	76	80	22 230	---
Émirats arabes unis	4,4	17	2	6,2	9	2,7	77	81	24 090	---
Géorgie	4,5	11	10	4,1	20	1,3	69	77	3 270	0,2
Irak	29,0	36	11	43,3	94	4,9	55	59	---	---
Israël	7,3	21	6	9,3	4	2,8	78	82	25 280	---
Jordanie	5,7	28	4	7,8	24	3,5	71	72	5 280	---
Koweït	2,8	21	2	3,9	8	2,6	77	79	24 010	---
Liban	3,9	19	5	4,6	17	2,3	69	73	5 740	0,1
Oman	2,7	25	3	3,1	10	3,4	73	75	14 680	---
Palestine (Territoires)	4,0	33	4	6,2	25	4,6	71	74	---	---
Qatar	0,88	17	2	1,1	7	2,8	71	76	---	---
Syrie	19,9	28	4	27,5	19	3,5	71	75	3 740	---
Turquie	74,0	19	6	87,8	23	2,2	69	74	8 420	---
Yémen	22,4	40	9	36,6	75	6,2	59	62	920	---
ASIE CENTRE-SUD	**1662**	**25**	**8**	**2080**	**64**	**3,0**	**63**	**64**	**3400**	**0,3**
Afghanistan	31,9	47	21	50,3	166	6,8	42	42	---	0,05
Bangladesh	149,0	27	8	190,0	65	3,0	62	63	2 090	0,05
Bhoutan	0,90	20	7	1,1	40	2,9	62	65	---	0,05
Inde	1131,9	24	8	1391,2	58	2,9	63	64	3 460	0,4
Iran	71,2	18	6	88,2	32	2,0	68	71	8 050	0,2
Kazakhstan	15,5	20	10	17,1	29	2,5	61	72	7 730	0,1
Kirghizistan	5,2	23	7	6,6	50	2,8	62	70	1 870	0,1
Maldives	0,30	19	3	0,40	15	2,8	70	70	---	---
Népal	27,8	28	9	36,1	51	3,1	62	63	1 530	0,5
Ouzbékistan	26,5	24	7	32,9	58	2,7	63	70	2 020	0,2
Pakistan	169,3	31	8	228,8	78	4,1	61	63	2 350	0,1
Sri Lanka	20,1	18	7	21,2	11	2,0	72	76	4 520	0,05
Tadjikistan	7,1	26	7	9,4	65	3,4	61	66	1 260	0,1
Turkménistan	5,4	25	8	6,6	74	2,9	58	67	---	0,05
ASIE DU SUD-EST	**574**	**21**	**7**	**691**	**32**	**2,5**	**67**	**71**	**4990**	**0,4**
Brunei	0,37	19	3	0,49	7	2,3	72	77	---	0,05
Cambodge	14,4	26	9	19,6	71	3,4	61	65	2 490	0,6
Indonésie	231,6	21	7	271,2	34	2,4	67	71	3 720	0,1
Laos	5,9	36	12	8,5	85	4,8	53	57	2 020	0,1
Malaisie	27,2	23	5	34,5	10	2,9	72	76	10 320	0,5
Myanmar (Birmanie)	49,8	20	10	55,4	75	2,3	57	63	---	1,3
Philippines	88,7	27	5	120,2	27	3,4	66	72	5 300	0,05
Singapour	4,6	10	4	5,3	3	1,3	78	82	29 780	0,3
Thaïlande	65,7	14	7	70,2	20	1,7	68	75	8 440	1,4
Timor oriental	1,0	44	11	1,7	98	7,0	57	59	---	---
Vietnam	85,1	19	5	103,6	18	2,1	70	73	3 010	0,5
ASIE ORIENTALE	**1550**	**12**	**7**	**1705**	**25**	**1,6**	**72**	**75**	**9320**	**0,1**
Chine	1318,0	12	7	1476,0	27	1,6	71	74	6 600	0,1
Chine - Hong Kong	6,9	10	5	8,1	2	1,0	80	86	34 670	---
Chine - Macao	0,53	8	3	0,59	3	0,9	77	82	---	---
Corée du Nord	23,3	16	7	25,8	21	2,0	68	73	---	---
Corée du Sud	48,5	9	5	49,1	5	1,1	75	82	21 850	0,05
Japon	127,7	9	9	119,3	3	1,3	79	86	31 410	0,05
Mongolie	2,6	18	6	3,1	41	2,0	64	68	2 190	0,05
Taïwan	22,9	9	6	23,1	5	1,1	74	80	---	---
EUROPE	**733**	**10**	**11**	**719**	**6**	**1,5**	**71**	**79**	**21470**	**0,5**
EUROPE SEPTENTRIONALE	**98**	**12**	**10**	**104**	**5**	**1,8**	**76**	**81**	**31680**	**0,2**
Danemark	5,5	12	10	5,6	4	1,9	76	80	33 570	0,2
Estonie 1,3	11	13	1,2	4	1,6	67	78	15 420	1,3	
Finlande	5,3	11	9	5,6	3	1,8	76	83	31 170	0,1

PAYS ou entité	Population mi-2007 *en millions*	Taux de natalité *pour 1000 habitants*	Taux de mortalité *pour 1000 habitants*	Projection population *en 2025 en millions*	Taux de mortalité infantile *pour 1000 naissances*	Indice synthétique de fécondité *enfants par femme*	Espérance de vie à la naissance hommes *en années*	Espérance de vie à la naissance femmes *en années*	RNB PPA[1] par habitant *en 2005 en dollars US*	Proportion (%) 15-49 ans infectés par le virus VIH *fin 2005*
Irlande	4,4	15	7	4,9	4	1,9	75	80	34 720	0,2
Islande	0,31	15	6	0,34	2	2,1	79	83	34 760	0,2
Lettonie	2,3	10	14	2,2	8	1,4	66	77	13 480	0,8
Lituanie	3,4	9	13	3,1	7	1,3	65	77	14 220	0,2
Norvège	4,7	13	9	5,2	3	1,9	78	83	40 420	0,1
Royaume-Uni	61,0	12	10	65,8	5	1,8	77	81	32 690	0,2
Suède	9,1	12	10	9,9	3	1,9	79	83	31 420	0,2
EUROPE OCCIDENTALE	**187**	**10**	**9**	**191**	**4**	**1,6**	**77**	**83**	**30710**	**0,2**
Allemagne	82,3	8	10	79,6	4	1,3	76	82	29 210	0,1
Autriche	8,3	9	9	8,8	4	1,4	77	83	33 140	0,3
Belgique	10,6	11	10	10,8	4	1,7	76	82	32 640	0,3
France (métropolitaine)	61,7	13	9	66,1	4	2,0	77	84	30 540	0,4
Liechtenstein	0,04	11	6	0,04	3	1,4	79	82	---	---
Luxembourg	0,47	12	8	0,54	3	1,7	75	81	65 340	0,2
Monaco	0,03	25	16	0,04	---	---	---	---	---	---
Pays-Bas	16,4	11	8	16,9	4	1,7	78	82	32 480	0,2
Suisse 7,5	10	8	8,1	4	1,4	79	84	37 080	0,4	
EUROPE ORIENTALE	**295**	**10**	**14**	**271**	**9**	**1,3**	**63**	**74**	**10650**	**0,8**
Biélorussie	9,7	9	14	9,0	7	1,2	63	76	7 890	0,3
Bulgarie	7,7	10	15	6,6	10	1,4	69	76	8 630	---
Hongrie	10,1	10	13	9,6	6	1,3	69	77	16 940	0,1
Moldavie	4,0	11	12	3,7	12	1,3	65	72	2 150	1,1
Pologne	38,1	10	10	36,7	6	1,3	71	79	13 490	0,1
Roumanie	21,6	10	12	19,7	14	1,3	68	75	8 940	0,05
Russie	141,7	10	15	128,5	10	1,3	59	72	10 640	1,1
Slovaquie	5,4	10	10	5,2	7	1,3	70	78	15 760	0,0
Tchèque (République)	10,3	10	10	10,2	3	1,3	73	79	20 140	0,1
Ukraine	46,5	10	16	41,7	10	1,3	62	74	6 720	1,4
EUROPE MÉRIDIONALE	**153**	**10**	**9**	**153**	**5**	**1,4**	**76**	**82**	**24760**	**0,5**
Albanie	3,2	14	6	3,5	8	1,8	72	79	5 420	---
Andorre	0,08	11	4	0,09	2	1,3	---	---	---	---
Bosnie-Herzégovine	3,8	9	9	3,7	7	1,2	71	77	7 790	-
Croatie	4,4	10	12	4,3	6	1,4	72	79	12 750	0,0
Espagne	45,3	11	8	46,2	4	1,4	77	83	25 820	0,6
Grèce	11,2	10	9	11,3	4	1,3	77	81	23 620	0,2
Italie	59,3	10	9	58,7	4	1,4	78	84	28 840	0,5
Macédoine	2,0	11	9	2,0	13	1,4	71	76	7 080	0,05
Malte	0,41	10	8	0,40	6	1,4	78	81	18 960	0,1
Monténégro	0,63	12	9	0,64	10	1,6	71	75	---	---
Portugal	10,7	10	10	10,4	4	1,4	75	81	19 730	0,4
Saint-Marin	0,03	10	6	0,04	3	1,2	78	84	---	---
Serbie	9,5	11	12	9,6	13	1,8	69	74	---	---
Slovénie	2,0	9	9	2,0	3	1,3	74	81	22 160	0,05
OCÉANIE	**35**	**18**	**7**	**42**	**27**	**2,1**	**73**	**78**	**23320**	**0,4**
Australie	21,0	13	6	24,7	5	1,8	79	83	30 610	0,1
Fidji	0,86	21	6	0,93	16	2,5	66	71	5 960	0,1
Guam	0,17	21	4	0,22	11	2,8	75	81	---	---
Marshall (îles)	0,07	38	5	0,09	29	4,9	68	72	---	---
Micronésie (États fédérés de)	0,11	26	6	0,12	40	4,1	67	67	---	---
Nouvelle-Calédonie	0,24	18	5	0,30	6	2,3	72	79	---	---
Nouvelle-Zélande	4,2	14	7	4,7	5	2,0	78	82	23 030	0,1
Palau	0,02	14	7	0,02	18	2,1	69	73	---	---
Papouasie-Nouvelle-Guinée	6,3	32	10	8,6	64	4,1	54	60	2 370	1,8
Polynésie française	0,26	18	5	0,32	6	2,2	71	76	---	---
Samoa	0,19	29	6	0,21	20	4,4	72	74	6 480	---
Vanuatu	0,24	31	6	0,36	27	4,0	66	69	3 170	---
Salomon (îles)	0,50	34	8	0,70	48	4,5	62	63	1 880	---

(1) Revenu national brut en parité du pouvoir d'achat

Source : Gilles Pison, « Tous les pays du monde (2007) », *Population et sociétés*, n° 436, juillet-août 2007.

GLOSSAIRE

CROISSANCE DÉMOGRAPHIQUE
L'effectif d'une population augmente quand il y a excédent des naissances sur les décès (solde naturel) et des entrées de migrants sur les sorties (solde migratoire). À l'échelle de la population mondiale, seul joue le solde naturel. Il est positif en 2005 : deux habitants en plus chaque seconde – quatre naissances moins deux décès – entraînant une croissance démographique de 1,2 % par an.

DURÉE DE VIE MOYENNE
La durée de vie moyenne ou espérance de vie à la naissance est le nombre moyen d'années qu'un groupe d'individus peut s'attendre à vivre. Autrefois, elle était faible, autour de 25 ans, à cause de la forte mortalité infantile. En 2005, elle atteint 65 ans dans le monde.

ÉTAT CIVIL
L'état civil est un système d'enregistrement des naissances, des mariages et des décès. Le mot désigne aussi les données enregistrées pour une personne. On transcrit sur les registres des naissances les événements qui modifient l'état civil (adoption, changement de nom) ou qui créent des obligations face à d'autres personnes : mariage et divorce, naissance, légitimation ou reconnaissance d'enfants.

FAMILLE
Une famille regroupe des personnes liées par des liens de filiation (père-fils, mère-fille, etc.) et d'alliance (conjoints). Pour le recensement, une famille est composée d'un couple parental (ou un seul parent) et de ses enfants, vivant dans le même ménage. La famille élargie comprend également les oncles et tantes, les grands-parents, les cousins et les neveux, les petits-enfants.

FÉCONDITÉ (TAUX DE)
Le taux de fécondité est le nombre moyen d'enfants qu'ont les femmes au cours de leur vie, entre 15 ans et 50 ans.

FERTILITÉ
La fertilité des couples mesure leur capacité biologique à avoir des enfants. La fertilité varie fortement d'un individu et d'un couple à l'autre. Au-delà de ces variations individuelles, la fertilité des femmes est maximale vers 20 ans et diminue ensuite lentement jusqu'à 35 ans, plus rapidement après 35 ans, pour devenir nulle vers 45 ou 50 ans.

GÉNÉRATION
Pour les démographes, une génération est un groupe de personnes nées la même année.

LONGÉVITÉ
La longévité est la durée de la vie. Estimée à 100 ans par Buffon à la fin du XVIIIe siècle, la longévité maximale a été repoussée depuis à 105, 110, 115 ans, etc., au fur et à mesure que des individus dépassaient la limite.

MARIAGE
Union, enregistrée à l'état civil, d'un homme et une femme pour former un couple. Dans beaucoup de sociétés, le mariage est le cadre nécessaire de la naissance des enfants. Les démographes mesurent la nuptialité, c'est-à-dire la fréquence des mariages au cours d'une année. On a compté 259 000 mariages en France en 2004, soit 4,3 mariages pour 1 000 habitants.

MIGRATION
La migration est le déplacement d'une personne quittant son lieu de naissance ou de résidence pour un autre lieu. Elle est le plus souvent interne, le migrant restant dans le pays. Il quitte souvent la campagne pour s'établir en ville, ce qui alimente l'urbanisation. Les migrations internationales sont rares, 3 % seulement des hommes vivant dans un autre pays que celui où ils sont nés (en 2005).

MORTALITÉ (taux de)
Rapport entre le nombre de décès au cours d'une année et l'effectif de la population, le taux de mortalité mesure la fréquence avec laquelle se produisent les décès. On calcule aussi le taux de mortalité à chaque âge. Il est élevé au début de la vie en raison de la mortalité infantile, diminue pour atteindre un minimum vers 10 ans, puis recommence à augmenter continûment avec l'âge.

MORTALITÉ INFANTILE
Nombre de décès d'enfants de moins de 1 an rapporté au nombre de naissances vivantes. Il est exprimé pour 1 000 nouveau-nés. Il atteint 55 pour mille en moyenne dans le monde en 2005 (sur 1 000 enfants nés vivants, 55 meurent avant d'atteindre leur premier anniversaire), avec des différences importantes : 150 pour mille au Niger contre 4 pour mille en France.

NATALITÉ (taux de)
Le taux de natalité est le nombre des naissances au cours d'une année, divisé par la population. La natalité d'un pays dépend de la fécondité des femmes et de leur nombre au sein de la population.

POLITIQUE DE POPULATION
Une politique de population est un ensemble de mesures prises par un État pour modifier l'évolution de sa population, dans le sens d'une population plus nombreuse, en favorisant la natalité ou l'immigration, ou moins nombreuse, en limitant les naissances. Elle peut aussi viser à modifier la répartition de la population dans le pays en encourageant les migrations ou en déplaçant les populations.

PYRAMIDE DES ÂGES
Apparue en 1874 dans le premier *Atlas statistique des États-Unis*, la pyramide des âges est un graphique qui illustre la composition d'une population par sexe, les hommes à gauche et les femmes à droite, et par âge, selon une échelle verticale. Son nom vient de la forme du graphique lorsque la population a une forte natalité et une forte mortalité : il est élargi à la base et étroit au sommet.

RAPPORT DE MASCULINITÉ (ou *sex ratio*).
Rapport entre le nombre d'hommes et le nombre de femmes, exprimé en nombre d'hommes pour 100 femmes. À la naissance, il est de 105 garçons pour 100 filles. La mortalité des garçons étant globalement plus élevée que celle des filles, le *sex ratio* diminue avec l'âge et les femmes deviennent majoritaires. En France, elles le sont à partir de

35 ans (en 2005) et huit centenaires sur dix sont des femmes.

RECENSEMENT
Le recensement est une opération de dénombrement qui permet de connaître la population d'un pays à une date donnée. Tous les habitants remplissent un bulletin dont l'exploitation statistique permet de connaître les caractéristiques de la population (sexe, âge, profession, conditions de logement, lieux de travail ou d'études) pour des ensembles géographiques variés : quartiers, communes, etc.

REMPLACEMENT DES GÉNÉRATIONS.
Le remplacement des générations désigne le remplacement nombre pour nombre des générations en âge de procréer par les générations naissantes. On mesure le remplacement de la génération des mères en comparant l'effectif des femmes d'une génération à celui de leurs filles. Le remplacement est assuré si les filles sont aussi nombreuses que les mères.

TRANSITION DÉMOGRAPHIQUE
La transition démographique est l'évolution d'une population passant d'un régime démographique ancien, marqué par une natalité et une mortalité élevées et s'équilibrant à peu près, à un régime démographique moderne avec une natalité et une mortalité faibles s'équilibrant également à peu près. Pendant la transition, la mortalité est plus faible que la natalité et la population augmente rapidement.

URBANISATION (taux d')
Le taux d'urbanisation est la proportion de personnes vivant en ville.

VIEILLISSEMENT DÉMOGRAPHIQUE.
Augmentation de la proportion de personnes âgées dans une population, en raison de la diminution de la fécondité et de la mortalité.

Les définitions du glossaire sont issues de Gilles Pison et Laurent Toulemon, exposition « La population mondiale... et moi ? » (mai 2005, La Villette).

LIVRES

GRAZELLIA CASELLI, JACQUES VALLIN, GUILLAUME WUNSCH (dir.), *Démographie : analyse et synthèse*, Paris, Ined, 2001-2006 (huit volumes).
JEAN-CLAUDE CHASTELAND et JEAN-CLAUDE CHESNAIS (dir.), *La Population du monde : géants démographiques et défis internationaux*, Paris, Ined, « Les Cahiers de l'Ined », n° 149, 2002.
HENRI LERIDON, LAURENT TOULEMON, *Démographie : approche statistique et dynamique des populations*, Paris, Économica, 1997.
GILLES PISON, *Six Milliards d'hommes*, Paris, Nathan, « Mégascope », 2000.
GILLES PISON (dir.), *La Population mondiale*, Paris, SCEREN-CNDP, « Textes et documents pour la classe », n° 924, 2006.
CATHERINE ROLLET, *La Population du monde : 6 milliards, et demain ?*, Paris, Larousse, « Petite encyclopédie », 2004.
JACQUES VALLIN, *La Population mondiale*, Paris, La Découverte, « Repères », 1995.
JACQUES VALLIN, *La Population française*, Paris, La Découverte, « Repères », 2001.
JACQUES VALLIN, *La Démographie*, Paris, La Découverte, « Repères », 2002.

REVUES

• *Population et sociétés* (bulletin d'information scientifique de quatre pages publié en français et en anglais. Il traite chaque mois d'une thématique particulière. Accessible en ligne sur www.ined.fr)
• *Population* (revue scientifique trimestrielle spécialisée, publiée en français et en anglais).
• *Population and Development Review* (revue scientifique trimestrielle spécialisée, en anglais).

SITES INTERNET

• Institut national d'études démographiques
www.ined.fr (en particulier la rubrique « Tout savoir sur la population » et les données en ligne de « l'Atlas de la population »)
• Institut national de la statistique et des études économiques
www.insee.fr (informations statistiques pour la France uniquement)
• Division de la population des Nations unies
www.un.org/esa/population/unpop.htm
(en particulier les données en ligne de *World Population Prospects*)
• La population mondiale... et moi ?
www.cite-sciences.fr/francais/ala_cite/expo/tempo/planete/population/index_population.php
(site de l'exposition du même nom, conçue par Gilles Pison et Sabine Belloc)

CÉDÉROM

GILLES PISON, *Six Milliards d'hommes... et moi*, Paris, Syrinx, 1999.

INDEX

Accroissement naturel *60-61, 62-63*
Accroissement de population *8-9, 10-11, 14-15, 60-61, 62-63, 68-69*
Afghanistan *14-15, 20-21, 24-25, 52-53, 56-57*
Âge médian *46-47*
Agriculture *22-23, 28-29*
Algérie *30-31, 52-53, 56-57, 58-59, 66-67*
Alimentation/malnutrition *10-11, 22-23, 26-27, 28-29, 36-37, 50-51*
Allemagne *12-13, 30-31, 34-35, 48-49, 52-53, 56-57, 60-61*
Allongement de la vie *22-23, 32-33, 44-45, 48-49*
Arabie saoudite *52-53, 56-57, 66-67*
Argentine *56-57*
Australie *6-7, 20-21, 48-49, 50-51, 52-53, 56-57*
Bangladesh *6-7, 12-13, 18-19, 52-53, 56-57*
Biocapacité *42-43*
Brésil *6-7, 12-13, 14-15, 16-17, 20-21, 30-31, 34-35, 48-49, 52-53, 56-57*
Canada *6-7, 16-17, 20-21, 30-31, 32-33, 48-49, 52-53, 56-57*
Causes de décès *26-27*
Centenaires *20-21, 32-33*
Chine *6-7, 12-13, 14-15, 16-17, 18-19, 20-21, 30-31, 34-35, 44-45, 48-49, 56-57, 64-65, 66-67*
Congo *12-13*
Contraception *16-17, 18-19, 30-31, 62-63, 64-65, 66-67*
Développement *28-29, 36-37, 42-43, 48-49, 66-67*
Durée de vie *10-11, 20-21, 22-23*
Éducation *10-11, 24-25, 28-29, 52-53, 64-65, 66-67*
Égypte *12-13, 16-17, 20-21, 30-31, 48-49, 56-57, 66-67*
Émigration *50-51, 52-53, 54-55, 56-57, 58-59, 66-67*
Émirats arabes unis *52-53, 56-57, 66-67*
Empreinte écologique *42-43*
Environnement/écologie *38-39, 40-41, 42-43*
Espagne *20-21, 46-47, 48-49, 52-53, 56-57, 58-59, 60-61*
Espérance de vie *20-21, 22-23, 32-33, 42-43, 60-61, 68-69*
États-Unis *6-7, 12-13, 16-17, 30-31, 32-33, 34-35, 44-45, 48-49, 52-53, 56-57, 62-63*
Famille *16-17, 18-19, 48-49, 52-53, 54-55, 64-65, 66-67*
Famine voir Alimentation
Fécondité *10-11, 14-15, 18-19, 44-45, 58-59, 60-61, 62-63, 64-65, 66-67, 68-69*
France *10-11, 16-17, 20-21, 22-23, 24-25, 30-31, 32-33, 48-49, 52-53, 56-57, 58-59, 60-61*
Guerre *22-23, 28-29, 36-37, 50-51, 56-57, 58-59, 66-67*
Hygiène *10-11, 22-23, 24-25, 28-29, 32-33, 38-39*
Immigration *50-51, 52-53, 54-55, 56-57, 58-59, 60-61, 62-63*
Inde *6-7, 10-11, 12-13, 14-15, 16-17, 18-19, 20-21, 28-29, 30-31, 34-35, 38-39, 44-45, 48-49, 52-53, 56-57, 64-65*
Indice de développement humain (IDH) *42-43*
Indonésie *6-7, 12-13, 16-17, 20-21, 34-35, 66-67*
Instruction voir Éducation
Iran *48-49, 56-57, 64-65, 66-67*
Italie *20-21, 46-47, 48-49, 52-53, 56-57, 58-59, 60-61*
Japon *12-13, 16-17, 20-21, 30-31, 32-33, 34-35, 46-47, 48-49, 56-57*
Jordanie *66-67*
Maladies cardio-vasculaires *32-33*
Mariage *64-65, 66-67*
Maroc *30-31, 52-53, 56-57, 58-59, 66-67*
Mexique *12-13, 48-49, 52-53, 56-57, 62-63*
Migration *38-39, 50-51, 52-53, 54-55, 56-57, 58-59, 60-61, 62-63, 68-69*
Mortalité *8-9, 10-11, 20-21, 22-23, 28-29, 30-31, 68-69*
Mortalité infantile *10-11, 14-15, 22-23, 24-25, 26-27, 30-31, 32-33, 38-39*
Mortalité maternelle *30-31*
Natalité *62-63*
Niger *30-31, 46-47*
Nigeria *6-7, 12-13, 26-27, 30-31, 34-35, 44-45*
Ouganda *46-47*
Pakistan *6-7, 12-13, 14-15, 18-19, 24-25, 56-57*
Palestiniens *52-53, 66-67*
Paludisme *24-25, 26-27*
Philippines *12-13, 52-53, 56-57*
Politique de population *10-11, 16-17, 18-19, 64-65, 66-67*
Potentiel de population *6-7*
Projections *12-13, 20-21, 22-23, 38-39, 48-49, 60-61, 62-63, 64-65, 66-67, 68-69*
Pyramides des âges *44-45, 46-47, 58-59, 68-69*
Qatar *52-53, 56-57, 66-67*
Recensement *8-9, 18-19, 20-21*
Réfugiés *52-53, 56-57, 58-59*
Religion *62-63, 66-67*
Retraites *48-49*
Richesse/pauvreté *34-35, 36-37, 50-51, 62-63*
Risque de décès *30-31*
Rougeole *26-27*
Rural (monde) *38-39, 52-53, 68-69*
Russie *6-7, 12-13, 16-17, 20-21, 48-49*
Santé *26-27, 30-31, 48-49, 64-65, 66-67*
Sénégal *10-11, 24-25, 26-27, 30-31, 38-39*
Sexe (filles/garçons, femmes/hommes) *14-15, 16-17, 18-19, 30-31, 32-33, 62-63*
Sexe (sélection du) *16-17, 18-19, 64-65*
Sida *26-27, 68-69*
Sierra Leone *20-21*
65 ans et plus *48-49*
Solde migratoire *54-55, 60-61, 62-63*
Suède *10-11, 20-21, 32-33, 48-49, 56-57, 60-61*
Suisse *20-21, 30-31, 48-49, 56-57*
Transition démographique *8-9, 10-11, 44-45, 48-49, 64-65, 66-67, 68-69*
Tunisie *14-15, 30-31, 48-49, 58-59, 66-67*
Turquie *12-13, 30-31, 48-49, 56-57, 58-59, 62-63*
Union européenne *12-13, 52-53, 56-57, 60-61, 62-63*
Urbanisation *22-23, 24-25, 38-39, 40-41, 68-69*
Vaccination *22-23, 24-25, 26-27, 30-31*
Vieillissement *32-33, 44-45, 46-47, 48-49, 60-61, 68-69*
Vietnam *18-19, 20-21, 48-49, 56-57, 58-59*
Ville voir Urbanisation